Christoph Perleth · Tanja Schatz · Martina Gast-Gampe

Die persönliche Begabung entdecken und stärken

Christoph Perleth
Tanja Schatz · Martina Gast-Gampe

So fördere ich mein Kind

Die persönliche Begabung entdecken und stärken

Unter Mitarbeit von Daniel Ringhand

Urania-Ravensburger

Zum Thema bereits erschienen:

Theresa Müller: Ist unser Kind hoch begabt? ISBN 3-332-01133-2

Dr. Miriam Stoppard: So fördere ich mein Kind. ISBN 3-332-00846-3

Cornelia König-Becker: Mein Kind von 0 bis 3. ISBN 3-332-01130-8

Cornelia König-Becker: Mein Kind von 3 bis 6. ISBN 3-332-00700-9

Heike Baum: Papa, spiel mit mir! ISBN 3-332-01135-9

Helmut Köckenberger: Kinder müssen sich bewegen. ISBN 3-332-01033-6

Helmut Weyhreter: Konzentrationsschwäche. ISBN 3-332-01090-5

Cordula Neuhaus: Das hyperaktive Kind und seine Probleme. 6. Aufl. ISBN 3-332-00872-2

Sabine Pauli, Andrea Kisch: Was ist los mit meinem Kind? Bewegungsauffälligkeiten bei Kindern. 8. Aufl. ISBN 3-332-00873-0

Die Autoren: Prof. Dr. Christoph Perleth, geb. 1958, arbeitet am Institut für pädagogische Psychologie der Universität Rostock und ist Spezialist auf dem Gebiet der Begabungsfeststellung und –entwicklung. Dr. Tanja Schatz, geb. 1968, arbeitet am Institut für pädagogische Psychologie der Universität Rostock als Psychologin und hat Ausbildungen als Kunsttherapeutin und Medienpädagogin. Daniel Ringhand, geb. 1975, studiert Sonderpädagogik an der Universität Rostock. Martina Gast-Gampe, geb. 1959, ist Psychologin und Fachjournalistin für Erziehungsfragen in München.

Die Deutsche Bibliothek – CIP-Einheitsaufnahme

Ein Titeldatensatz für diese Publikation ist bei Der Deutschen Bibliothek erhältlich.

www.dornier-verlage.de

www.urania-ravensburger.de

© 2001 Urania-Ravensburger in der Dornier Medienholding GmbH, Berlin

Umschlaggestaltung: Behrend & Buchholz, Hamburg

Titelfoto: The Stock Market, R. B. Studio

Fotos: Gertie Burbeck, Mönchengladbach

Redaktion: Dr. Marianne Jabs

Satz: Typografik & Design

Druck: Westermann Druck Zwickau

Printed in Germany

ISBN 3-332-01030-1

05 04 03 02 01 5 4 3 2 1

Inhalt

So entwickeln sich Begabungen 9

Abschied vom IQ 10

   Die Vielfalt menschlicher Begabungen 10

Was ist angeboren? 11

Die Grundlagen geistiger Leistungsfähigkeit 12

Angeborene Geschlechtsunterschiede? 14

So entwickeln sich Begabungen im Vorschulalter 16

In der Schulzeit geht es weiter 19

Bei Erwachsenen: Kein Stillstand 20

   Wie werden aus Kindern Wunderkinder oder

   Experten? 21

Begabung durch Aktivitäten fördern:

Darauf kommt es an 22

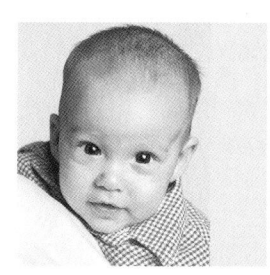

So fördern Sie Ihr Baby oder Kleinkind 23

Sprechen Sie alle Sinne an! 24

Spielen macht Spaß und fördert die Entwicklung 26

Sprechen Sie mit Ihrem Baby! 31

Die geistige Entwicklung in den ersten drei Jahren . . . 32

   Wie lange kann ein Kind sich konzentrieren? 33

Fördern Sie die emotionale Intelligenz! 34

   Emotionale Intelligenz und Schulerfolg 35

So wird Ihr Kind selbstsicher 37

Die intellektuelle Begabung 41

Die sprachliche Begabung 43

   Ist die Baby-Sprache schädlich? 44

Vorlesen ist wichtig, aber was? 45

   Hilfe, das Kind spricht falsches Deutsch! 46

Reim- und Buchstabenspiele 49

   Entwicklungsstottern 53

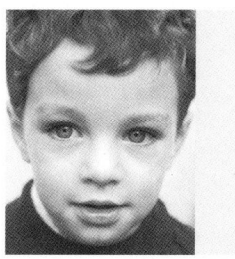

Räumliches Denken 54
    Der Umschüttversuch 55
Zählen und Rechnen 56
    Der Perlenversuch 57
Schlussfolgerndes Denken 58
Hier sind die Eltern gefragt:
Denken als inneres Sprechen 59

Die künstlerische Begabung 61
    Kinder lernen, wenn sie malen 62
    Materialien finden sich überall 64
    »Was soll ich malen?« 65
        Malbücher und »perfektes« Spielzeug abschaffen? . . 67
    Gemeinsam malen 69
    Plastisch gestalten 72
    So schulen Sie den Farbensinn Ihres Kindes 73
    Lob und Ermutigung: So sind sie wirksam 75

Förderung sozialer Kompetenzen 77
    Der Umgang mit den anderen und das positive
    Selbstbild 78
        Die Perspektive anderer einnehmen –
        ein Experiment 79
    Soziale Kompetenz und soziales Verhalten 80
    Alarmzeichen 83
    Problemverhalten und Erziehungsschwierigkeiten . . . 84
    Verhaltensstörungen 87
        Ist mein Kind ein Zappelphilipp? 87
    So fördern Sie die soziale Kompetenz Ihres Kindes . . . 89
        Nachahmungslernen 90

Die musikalische Begabung 93
   Anlage und frühe Weichenstellungen 94
   Machen Sie Musik mit Ihrem Baby! 96
   Mit Kleinkindern musizieren 97
   Musikspiele für jüngere Kindergartenkinder 99
   Vorschulkinder können schon zusammenspielen 102
      Erzwingen Sie nicht das Lernen eines
      Musikinstruments! 103
   So schulen Sie das Gehör Ihres Kindes 103

Sportliche und motorische Begabung 107
   Arten der Motorik 108
   Motorik und Sport 110
   Bewegung: Im Kindesalter fast das Wichtigste 111
   Fernsehen und Computer: Zwei Bewegungsfeinde 113
   So entwickelt sich die Motorik Ihres Kindes
   zwischen drei und sechs 114
   So fördern Sie die Beweglichkeit Ihres Kindes 115
      Wann muss ein Kind Rad fahren können? 116
   Übungen, die Spaß machen 119

Wissen über die Welt vermitteln 121
   Begabung und Wissen 122
   Handlungswissen vermitteln: Was ist das? 122
   Zum Beispiel selber Käse machen 123
   Lassen Sie Ihr Kind an Alltag und Hobby
   teilnehmen! 126
      Väter, die ersten Lehrer ihrer Kinder 130
   So ergänzen Sie lebendig das Schulwissen 132

Schluss: Die umfassende Förderung 135

Begabungs- und Interessenschwerpunkte
herausfinden 136

Allround-Förderung durch Spiele: Kinder zeigen
uns den Weg 138

Anhang 140

Literatur 140

Glossar/Register 141

So entwickeln sich Begabungen

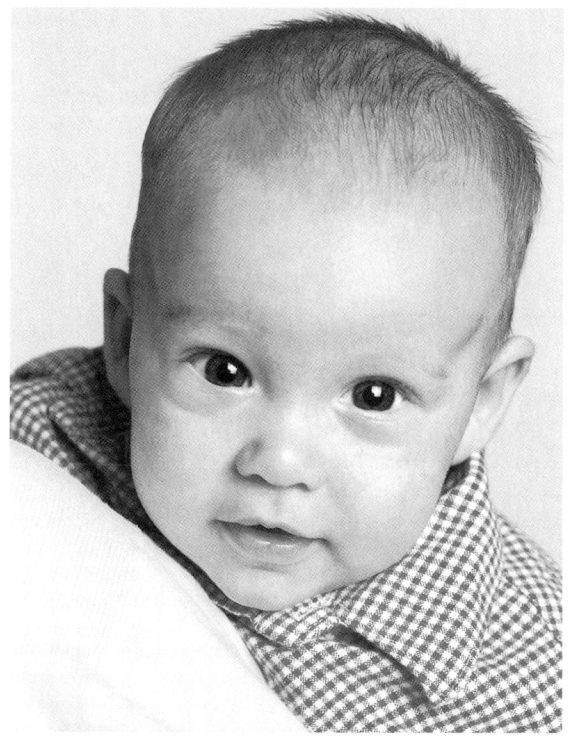

»Wie kann ich denn die Begabung meines Kindes fördern, wenn Begabung angeboren ist?« So fragen sich viele Eltern, wenn Medien von Fortschritten der Genetik berichten.

Abschied vom IQ

In diesem Buch erfahren Sie, wie Sie die Begabungen Ihres Kindes schon im Vorschulbereich mit einfachen Mitteln fördern können. Was aber sind Begabungen? Der amerikanische Psychologe Howard Gardner hat unter dem Titel *Abschied vom IQ* ein Buch verfasst, in dem er zahlreiche Argumente dafür zusammenstellt, warum wir Begabungen in unterschiedlichen Bereichen unterscheiden sollten. Begabung ist viel mehr als der IQ (=Intelligenzquotient), der eine Messlatte für die intellektuelle Begabung (Intelligenz) darstellt. Mit Gardners Buch wurden auch in der Öffentlichkeit die Erkenntnisse populär, die die Begabungs- und Intelligenzforschung schon seit vielen Jahrzehnten zusammengetragen hatte: Begabung und Intelligenz müssen Bereich für Bereich betrachtet werden. Niemand ist auf allen Gebieten gleichermaßen begabt.

Die Vielfalt menschlicher Begabungen

Gardner wie auch andere Forscher unterscheiden folgende Begabungsbereiche:
Sprachliche Begabung oder Intelligenz, die sich beispielsweise in einem großen Wortschatz oder im Erzählen fantasievoller Geschichten äußert
Begabung im Umgang mit Zahlen
Räumliche Intelligenz oder Begabung, wie sie Architekten oder Möbelpacker beim Beladen des Umzug-Lkws benötigen
Musikalische Begabung
Sportliche und motorische Begabung, wie sie Sportler, Ballett-Tänzerinnen oder auch Feinmechaniker benötigen

---

> *Soziale Fähigkeiten (soziale Intelligenz) im Umgang mit*
> *und in der Einfühlung in andere Personen. Diese Intelli-*
> *genz benötigen psychologische Berater genauso wie*
> *Versicherungsvertreter, die Sie zum Abschluss einer*
> *Versicherung überreden wollen.*
> *Die Fähigkeit, die eigenen Bedürfnisse und Gefühle wahr-*
> *zunehmen und auch zu kontrollieren. Diese Fähigkeit*
> *zeigen z. B. Zen-Meister in Vollkommenheit.*
> *Die beiden letzten Aspekte können auch unter dem Schlag-*
> *wort emotionale Intelligenz zusammengefasst werden.*

Was ist angeboren?

Wenn ein geistig-seelisches Merkmal angeboren ist, heißt das nicht, dass es unveränderbar ist. Im Gegenteil, in der modernen genetischen Psychologie streitet niemand mehr darüber, ob die Entwicklung von Kindern eher von der Umwelt oder den Genen abhängt. Vielmehr versuchen Forscher wie der amerikanische Psychologe Robert Plomin herauszufinden, wie die Anlagen und die soziale Umwelt eines Kindes bei dessen psychischer Entwicklung zusammenwirken. Merkmale wie Begabungen oder Temperamente beruhen zwar auf angeborenen Grundlagen, entwickeln sich aber unter Erziehungseinflüssen. Auch für die Entwicklung von Begabungen ist entscheidend, welche Lernangebote in der Umwelt des Kindes bereitgestellt werden.

Auch »genetisch bedingte« Persönlichkeitsmerkmale können beeinflusst werden!

So vermuten beispielsweise Forscher um den Psychologen und Experten für musikalische Begabung John A. Sloboda, dass viel mehr Kinder als üblich das absolute Gehör erwerben könnten. Unter absolutem Gehör versteht man die Fähigkeit, die Tonhöhe jedes gehörten Tones genau bestimmen zu

Selbst die Entwicklung des absoluten Gehörs lässt sich fördern.

können. Menschen mit absolutem Gehör können zu jedem wahrgenommenem Ton angeben, ob es sich um ein c, d, fis etc. handelt. Kinder mit absolutem Gehör (und gutem Gedächtnis für Melodien) sind in der Lage, Melodien in genau der Tonlage anzustimmen, in der sie sie ursprünglich gehört haben.

Lange war unumstritten, dass diese seltene Fähigkeit angeboren ist. Allerdings fanden Sloboda und seine Kollegen heraus, dass Vorschulkinder, denen zu Hause Musikinstrumente (als besonders förderlich erwiesen sich Tasteninstrumente wie das Klavier) zur Verfügung standen, viel häufiger ein absolutes Gehör entwickelten.

Man kann nun vermuten, dass sich diese besondere musikalische Fähigkeit bei Kindern entwickelt, wenn bestimmte angeborene Merkmale der auditiven Wahrnehmung (d. h. der Wahrnehmung durch das Gehör) und des Gedächtnisses auf günstige Lernanregungen in der häuslichen Umwelt treffen.

Die Grundlagen geistiger Leistungsfähigkeit

Vergleiche mit der Arbeitsweise des PCs verdeutlichen die Gehirnfunktionen.

Die angeborenen, nicht veränderbaren Grundlagen der geistigen Leistungsfähigkeit stellen sozusagen die »Hardware« unseres Denkapparates dar. Diese sind unter anderem:

Die Gedächtniseffizienz

Das ist die Geschwindigkeit, mit der die Denkprozesse im Gehirn ablaufen. Diese Informationsverarbeitungsgeschwindigkeit, mit der unser Denkapparat arbeitet, könnte mit der Taktrate verglichen werden, mit der ein Computer läuft.

Die Verarbeitungskapazität

Das ist die Menge an Informationen, mit der man gleichzeitig im Kopf umgehen kann. In unserem Computervergleich wäre das der verfügbare Hauptspeicher.

Die Gedächtniskapazität

Das ist die Menge von Informationen, die im Langzeitgedächtnis gespeichert werden können, sozusagen der Festplattenspeicher menschlicher Informationsverarbeitung.

Das Aktivationsniveau

Das ist gewissermaßen die Grundspannung, unter der ein Mensch steht. Viele der Unterschiede im Verhalten zwischen Jungen und Mädchen wie das häufig unterschiedliche Ausmaß an aggressiven Verhaltensweisen werden auch – nicht vollständig! – mit dem unterschiedlichem Aktivationsniveau erklärt.

Aspekte der Wahrnehmung

Auge (visuelle Wahrnehmung), Ohr (auditive Wahrnehmung), Nase (olfaktorische Wahrnehmung), Tastsinn (haptische Wahrnehmung) usw. sind die Wahrnehmungskanäle des Menschen. Entscheidend für die Begabungsentwicklung ist nicht allein, wie fein wir mit unseren unterschiedlichen Sinnen wahrnehmen können, sondern vor allem auch, wie gut Informationen aus unterschiedlichen Wahrnehmungskanälen aufeinander abgestimmt werden.

Aufmerksamkeit und Aufmerksamkeitssteuerung

Verteilt sich die Aufmerksamkeit auf ein großes Feld, d. h. werden sehr viele Reize der Umwelt beachtet, oder richtet sich die Aufmerksamkeit auf ein eng begrenztes Feld? Günstig ist es, wenn die Aufmerksamkeit wie ein Zoomobjektiv je nach

Aufgabe so gesteuert werden kann, dass sich ein enger oder breiter Ausschnitt der Umwelt bearbeiten lässt. Ein enges Aufmerksamkeitsfeld (»Teleobjektiv«) ist günstig bei Aufgaben wie dem Auswendiglernen eines Gedichtes oder dem Bearbeiten eines Suchbildes. Ein breites Aufmerksamkeitsfeld (»Weitwinkelobjektiv«) ist hingegen beim Autofahren wichtig.

Bei Babys sind keine verlässlichen Prognosen möglich.

Die Habituation

Unter dieser Voraussetzung für die Begabungsentwicklung versteht man das Tempo, in dem Kinder sich an neue Reize gewöhnen und bekannte Reize wiedererkennen. Die Habituation kann somit als Indikator für die Lerngeschwindigkeit verstanden werden. In den vergangenen Jahren hat man versucht, die Habituation schon sehr früh (bereits bei Kindern im Alter von wenigen Tagen) zu messen und daraus die spätere Begabungsentwicklung vorherzusagen. Die Ergebnisse zeigen aber, dass dies nur schlecht möglich ist. Auch Kinder mit hoher Habituationsrate benötigen viele Lernanregungen von ihren Bezugspersonen.

Motorik

Schließlich gelten auch Aspekte des Bewegungsapparats (Muskeln, Knochenbau, Nervenbahnen), also der Motorik, als angeboren.

Angeborene Geschlechtsunterschiede?

Eine Vielzahl von Alltagsbeobachtungen, aber auch wissenschaftlichen Untersuchungen zeigen, dass sich Jungen und Mädchen nicht nur in bestimmten Verhaltensweisen (z. B. aggressivem Verhalten) unterscheiden, sondern auch in Aspekten der Begabung. So wird Jungen häufig eine höhere räumliche oder mathematische Begabung attestiert, Mädchen erscheinen sprachlich begabter. Es ist aber umstritten, inwieweit solche Begabungsunterschiede angeboren sind. So vermuten manche Forscher wie die amerikanische Psychologin Sandra Scarr, dass hormonelle Einflüsse die Unterschiede in naturwissenschaftlichen Fähigkeiten verursachen.

Münchner Forscher um Albert Ziegler und Kurt A. Heller hingegen führen einen wichtigen Teil dieser Unterschiede auf Erziehungseinflüsse von Eltern und Lehrern zurück: Jungen werden stets als mathematisch begabter eingeschätzt, übernehmen diese Einschätzung und entwickeln in der Folge stärker naturwissenschaftliche Interessen. Vor allem ab dem Jugendalter erzielen sie dann bessere Leistungen in der Schule und in Tests. Für diese Annahme spricht, dass Jungen und Mädchen sich in der Grundschule bei gleichen Leistungen im Rechnen als unterschiedlich begabt einschätzen. Daneben wirken sich typische Spiele wie konstruktives Bauen mit Lego, Konstrukta o. ä., aber auch Klettern auf Bäume auf die Entwicklung der mathematischen und besonders der räumlichen Begabung aus. Solche »Jungenaktivitäten« werden beispielsweise durch deren höheres Aktivationsniveau (höhere Batteriespannung, s. S. 13) begünstigt. Für die Begabungsentwicklung ist somit auch hier ein kompliziertes Zusammenspiel von angeborenen und Umweltfaktoren wichtig.

Die bisweilen gefundene Überlegenheit der Mädchen in der sprachlichen Begabung könnte auf der stärkeren Beschäftigung mit Spielen wie vor allem Rollenspielen herrühren, bei denen vom Festlegen der Regeln bis hin zum eigentlichen Spiel viel sprachliche Verständigung nötig ist. Typische Themen dieser Rollenspiele sind z. B. Vater, Mutter, Kind, Hochzeit, das Nachspielen von Geschichten und Märchen usw. Vielleicht ist Ihnen auch schon einmal der häufig unterschiedliche Umgang von Jungen und Mädchen beim Spielen

Was Mädchen und Jungen leisten, ist oft, was man ihnen zutraut.

mit Lego aufgefallen: Jungen bauen eher gewagte Konstruktionen wie Burgen, Raketen, Autos usw., während Mädchen sich gerne aus den Legosteinen eine Kulisse bauen, um mit Legofigürchen Rollenspiele durchzuführen.

So entwickeln sich Begabungen im Vorschulalter

Ohne Förderung verkümmert jedes Talent.

All diese angeborenen Aspekte sind Grundlagen der menschlichen Begabungsentwicklung, auf der alle Begabungsförderung aufbaut. Gleichzeitig geben diese angeborenen Grundlagen gewissermaßen den Rahmen bzw. die Grenzen vor, in dem die Begabungsentwicklung erfolgen kann. Es wäre illusorisch zu glauben, dass jedes Kind durch förderliche Erziehungseinflüsse in jedem beliebigen Bereich eine außerordentliche Begabung entwickeln könnte. Aber Eltern, Erzieher und Lehrer sollten Kinder unterstützen, dass diese ihre Begabungen in den verschiedenen Bereichen entsprechend ihrer Möglichkeiten entfalten können. Und diese Möglichkeiten sind größer, als die meisten Eltern vermuten.

Sehen Sie sich zu den folgenden Ausführungen auch das Schema zur Begabungs- und Leistungsentwicklung in der Abbildung auf S. 17 an. Sie finden dort diese angeborenen Merkmale ganz links am Ausgangspunkt der Begabungsentwicklung.

Bereits in der Kleinkind- und Vorschulzeit werden entscheidende Weichen für die Begabungsentwicklung gestellt. (Entwicklungsprozesse erscheinen in der Abbildung auf S. 17 als Dreieck.) In diesem Lebensabschnitt ist der Einfluss der Eltern auf die Begabungsentwicklung in verschiedenen Bereichen besonders bedeutsam.

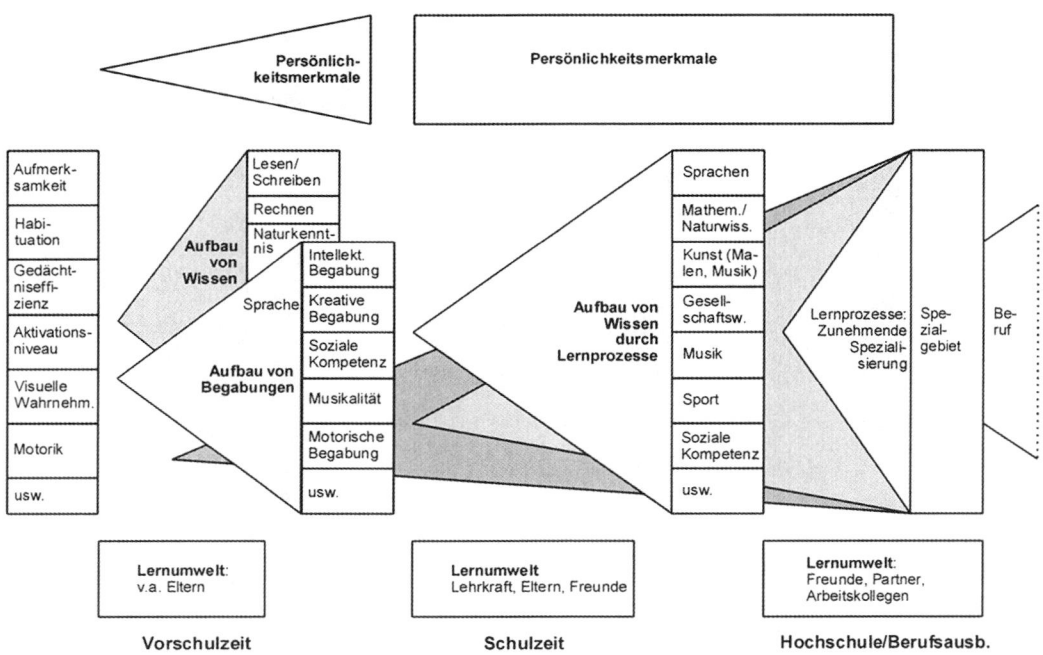

| Vorschulzeit | Schulzeit | Hochschule/Berufsausb. |

Auf der Grundlage der angeborenen Merkmale und der Aktivitäten der Kinder bilden sich in diesem Lebensabschnitt die Begabungen bzw. Begabungsschwerpunkte heraus. Je nachdem, womit sich die Kinder, vor allem auch auf Anregungen der Eltern hin, beschäftigen, entwickeln sich intellektuelle Begabungen genauso wie Kreativität, soziale, musische oder motorische (Bewegungs-)Begabungen. Ihre Entwicklung erscheint als helles Dreieck links unten in der Abbildung auf dieser Seite. Diese Begabungen sind zwar auf bestimmte Bereiche (Musik, Kunst, intellektueller Bereich usw.) bezogen, können jedoch in den unterschiedlichsten Gebieten furchtbar werden: Künstlerische Begabung kann auch im Mathematikunterricht oder Sachkundeunterricht nützlich sein, ein scharfer Verstand umgekehrt in der Musik oder der Kunst.

Begabungsentwicklung von der Geburt bis ins Erwachsenenalter

In der Vorschulzeit werden Weichen gestellt für die Begabungsentwicklung ...

17

*... für die
Persönlichkeits-
entwicklung ...*

Gleichzeitig werden in diesem Lebensabschnitt wichtige Grundlagen der Persönlichkeitsentwicklung gelegt. Wir haben Ihnen diesen Vorgang als helles Dreieck links oben in der Abbildung auf S. 17 eingezeichnet. Diese Grundlagen sind auch für die Begabungsentwicklung von zentraler Bedeutung. Auf ihnen basieren das Selbstvertrauen und der Mut, mit denen Kinder sich den Herausforderungen der Welt stellen, die Hartnäckigkeit, mit der sie später ihre Ziele verfolgen, oder die Freude an der eigenen Leistung. Diese Persönlichkeitsmerkmale entwickeln sich vom Kleinkindalter bis etwa zum Ende der Grundschulzeit. Kinder, die über solche Merkmale verfügen, haben für ihre weitere Begabungs- und Leistungsentwicklung Vorteile, weil sie Probleme und Aufgaben mutiger und engagierter angehen und in der Lage sind, schneller Fertigkeiten und Wissen zu erwerben.

*... sowie für den
Aufbau von Wissen
und Fertigkeiten.*

Schließlich bewirken vielfältige Beschäftigungen mit den Kindern den Aufbau von Fertigkeiten und Wissen über Alltagsgegenstände, Tiere, Natur usw. bis hin zu – in der Vorschulzeit – elementaren Kenntnissen im Zählen (und damit elementarem Rechnen!) sowie Lesen und Schreiben. Diesen Wissens-Aufbau zeigt das dunkle Dreieck links in der Abbildung auf S. 17. Lesen bedeutet hier nicht allein das Entziffern von Buchstaben, sondern überhaupt das Verstehen von Symbolen (z. B. Ampelmännchen, Toilettensymbole usw.). Mit Schreiben ist auf der anderen Seite auch gemeint, dass Kinder bestimmte Sachverhalte mit bestimmten Zeichen oder Symbolen kennzeichnen.

Für diesen Lebensabschnitt ist auch charakteristisch, dass Anlagen und Umwelt besonders gut zusammenpassen: Die Kinder wachsen ja in der Regel in Familien auf, in denen ähnliche Anlagen bzw. Begabungen vorhanden sind. Gleichzeitig werden die Eltern den Kindern auch eine familiäre Umgebung bereitstellen, die für die Entwicklung der Begabungen besonders förderlich ist: In musikalischen Familien werden vielleicht Instrumente zur Verfügung stehen und die Kinder erhalten viele musikalische Anregungen. Sportliche Eltern werden mit ihren Kinder nicht nur zu Hause herumturnen und Bewegungsspiele machen, sondern sie auch schon bald zum Training mitnehmen oder mit ihnen zusammen Kinderturnen oder Spiel- und Sportgruppen für die Kleinsten besuchen.

Häufig fördern Eltern besonders die genetischen Anlagen Ihrer Kinder.

In der Schulzeit geht es weiter

Im Vorschulalter und zu Beginn des Grundschulalters bauen sich somit die Begabungen eines Kindes auf verschiedenen Gebieten wesentlich auf, es wird die Grundlage für die gesamte Begabungsentwicklung gelegt. Untersuchungen haben gezeigt, dass die Begabungsentwicklung zwar bis ins höhere Alter voranschreitet, dass sich aber die Position in der Altersgruppe bei den meisten Kindern ab der dritten, vierten Klasse nur noch wenig ändert. Wer also im Alter von 10 oder 12 Jahren zu den Begabtesten seines Jahrgangs gehört, bleibt in der Regel über viele Jahre hinweg in dieser Spitzengruppe.

Etwa ab dem Grundschulalter schwindet dann aber der Einfluss der Eltern. Stattdessen werden die Schule, besonders die Lehrkräfte, zunehmend wichtiger für die Begabungsentwicklung der Kinder. Günstig ist es, wenn Lehrer Begabungen der Kinder entdecken, individuell auf die Kinder eingehen und somit helfen, Begabungsschwerpunkte zu fördern. Allerdings geht es jetzt zunehmend weniger um Begabungsentwicklung als vielmehr um den zielgerichteten Aufbau von Wissens und Fertigkeiten in den unterschiedlichsten Bereichen (Sport, Sprachen, Mathematik, Literatur, Musik usw.; betrachten Sie jetzt das helle Dreieck in der Mitte der Abbildung auf S. 17). Dieses Wissen stellt die entscheidende Grundlage für

Ein untrennbares Paar: Begabung und Fertigkeiten bzw. Wissenserwerb.

die weitere (Leistungs-)Entwicklung in den verschiedenen Begabungsbereichen dar. Der Aufbau entsprechenden Wissens ist das zentrale Thema der Begabungs- und Leistungsentwicklung im Schulalter. Begabung ist zum einen notwendig, um dieses Wissen aufzubauen: Begabtere lernen auf ihrem Gebiet schneller und nachhaltiger. Andererseits stellen erst ein breites, gut organisiertes Wissen sowie gut entwickelte Fertigkeiten die Basis dar, auf der Begabungen fruchtbar werden können. Gute Leistungen als Erwachsene setzen eben zum einen Begabungen, zum anderen Wissen voraus.

Im Jugendalter werden die Freunde wichtig.

Im Jugendalter schließlich gewinnen die Freunde der Heranwachsenden wachsenden Einfluss auch auf die Begabungs- und Leistungsentwicklung: Die Jugendlichen suchen nun von sich aus nach Freunden, die zu ihren Begabungen passen und mit denen gemeinsam sie ihre Begabungsschwerpunkte weiterentwickeln können. Besonders wichtig ist der Freundeskreis beispielsweise bei denjenigen Jugendlichen, die ihre musikalischen Begabungen weiterentwickeln. In einer Befragung durch den Erstautor gaben junge, exzellente (Hobby-)Musiker an, dass die Freunde durch Anregungen und auch durch das gemeinsame Üben einen wichtigeren Einfluss ausgeübt hätten als Eltern und (Musik-)Lehrer.

Bei Erwachsenen: Kein Stillstand

Berufserfolg basiert auf langjährigem Training.

Zentrale Aufgabe im Erwachsenenalter ist die berufliche Spezialisierung. Sie erscheint als helles Dreieck rechts in der Abbildung auf S. 17. Die Spezialisierung gelingt um so besser und schneller, je günstiger die Begabungskonstellation im Hinblick auf das jeweilige Fachgebiet ausgebildet ist und je solider die in der Schulzeit erworbenen Fertigkeiten, Kenntnisse und Wissensbestände gegründet sind. Bei manchen

Personen setzt diese Spezialisierung allerdings schon in der Schul- oder gar Vorschulzeit ein. Dieser Vorgang wird auf unserer Abbildung durch die langen (mittel- und dunkelgrauen) Dreiecke symbolisiert, die von diesen Lebensabschnitten zur Spezialisierung reichen. Die frühzeitige Spezialisierung betrifft zum Beispiel Schachspieler, Musiker oder Sportler, die als Kinder mit Training und Übungen beginnen müssen, um bereits im Alter von 15 bis 25 Jahren Spitzenleistungen erzielen zu können.

Wie werden aus Kindern Wunderkinder oder Experten?

Die Zusammenhänge zwischen Begabung und Wissen wurden in den vergangenen Jahren intensiv untersucht. Entscheidend war für diese Untersuchungen der Vergleich von Experten und Anfängern auf verschiedenen Gebieten.
Wie wichtig für einzelne Fachgebiete (Piloten, Schachspieler, Lehrkräfte, Manager, Programmierer) Begabung und Wissen im Einzelnen sind, ist bis heute in der Wissenschaft umstritten. Über die grundlegenden Zusammenhänge ist man sich aber einig. So wurde beispielsweise gefunden, dass bei Schachspielern vor allem Wissen und Erfahrung gefragt sind. Hingegen verfügen Schachgroßmeister nicht über ein stärker ausgeprägtes logisches Denken oder andere Intelligenzaspekte als »normale« Personen.
Letztlich zeigen die Untersuchungen übereinstimmend, dass jahrelanges Training für das Erzielen von Spitzenleistungen erforderlich ist. In verschiedenen Bereichen (Sport, Schach, Wissenschaft etc.) ergab sich eine Zehnjahresregel. Sie besagt: Es muss mit zehn Jahren Training und harter Arbeit gerechnet werden, bis Spitzenleistungen er-

zielt werden können. Wie die langen Dreiecke in der Abbildung auf S. 17 veranschaulichen, beginnt bei manchen späteren Experten die Entwicklung zur Spitzenleistung bereits im Kindesalter.

Allerdings sollten sich Eltern kritisch fragen, ob sie auch die Risiken und Nachteile in Kauf nehmen wollen, die beispielsweise mit einer frühzeitig gestarteten Karriere als Wundergeiger oder Eisprinzessin verbunden sind. Gerade unter Überforderung oder viel zu hohen Erwartungen seitens der Eltern leiden heute nicht wenige Kinder. Nicht alles, was möglich ist, ist auch im Interesse einer gesunden Persönlichkeitsentwicklung wünschenswert.

Begabung durch Aktivitäten fördern: Darauf kommt es an

Aktivitäten sind nur sinnvoll, wenn sie allen Beteiligten Spaß machen.

In den folgenden Kapiteln diesen Buches werden wir Sie in verschiedene Begabungsbereiche einführen.

Gleichzeitig möchten wir Ihnen viele Anregungen geben, wie Sie die Begabungen Ihres Kindes fördern können. Die meisten Vorschläge beziehen sich dabei auf das Vorschulalter, in dem – wie oben aufgezeigt – der Einfluss der Eltern auf die Begabungs- und Leistungsentwicklung besonders wichtig und stark ist. Diese Anregungen und Vorschläge stellen manchmal kleine Übungen oder Aufgaben dar, zumeist sind es aber Spiele und Aktivitäten, die Ihnen und Ihrem Kind hoffentlich auch Freude und Spaß bereiten.

Intensive und gleichzeitig entspannte Aktivitäten zusammen mit Ihrem Kind stellen die beste Möglichkeit dar, die Begabungsentwicklung Ihres Kindes zu fördern.

So fördern Sie Ihr Baby oder Kleinkind

Die Entwicklung eines Kindes ist sowohl von den Genen als auch von der Umwelt abhängig. Ohne »geistige Nahrung« geht nichts.

Begabungen durch Spiel und Bewegung fördern.

Bereits bei den Kleinsten können und sollten Sie darauf achten, dass Ihr Kind optimale Entwicklungsanreize (altersgemäß, nicht zu viele und nicht zu wenig!) bekommt, damit es seine Begabungen entfalten kann. Versuchen Sie, seinem besonderen Charakter und seinen individuellen Talenten gerecht zu werden. Um seine Entwicklung in den ersten Lebensjahren zu unterstützen, brauchen Sie kein ausgeklügeltes Trainingsprogramm: Mit Spiel- und Bewegungsanregungen begleiten Sie Ihr Kind optimal.

Daneben braucht Ihr Kind allerdings eine ganze Menge Verständnis und Zärtlichkeit. Nur so bekommt es das Gefühl, geborgen und von Ihnen angenommen zu sein. Auf diese Weise entsteht das so genannte Urvertrauen – die Basis für jede gesunde Entwicklung.

Sprechen Sie alle Sinne an!

Bei Babys steht die ganzheitliche Förderung im Vordergrund. Das machen Eltern meist intuitiv: Indem Sie Ihr Baby liebkosen, mit ihm schäkern und spielen, fördern Sie alle seine Sinne gleichzeitig und geben ihm das, was es für seine Entwicklung braucht.

Das beginnt schon bei der Geburt. Kaum wird das Neugeborene der Mutter auf den Bauch gelegt, beginnt sie, es zärtlich zu streicheln und mit ihm zu sprechen. Obwohl der neugeborene Erdenbürger den Sinn der Worte nicht begreift, fühlt er sich so in der neuen, fremden (und kalten) Welt geborgen.

Am Anfang stehen für Ihr Baby Streicheln, Kuscheln und Anfassen ganz hoch im Kurs. Der erste soziale Kontakt entsteht durch Berührung der Haut. Beides wird z. B. durch das Stillen in hervorragender Weise gewährleistet. Auch wenn Sie mit Ihrem Baby spielen, sprechen Sie mehrere Sinne an.

Sehen

Schon Neugeborene können sehen (optimal auf ca. 30 cm Entfernung). Mit etwa sechs Monaten ist der gelbe Fleck (Ort des Scharfsehens in der Netzhaut) fast fertig ausgereift. Das Baby interessiert sich nun auch für Gegenstände, die weiter weg sind.

Tasten

Alle Gegenstände werden zunächst mit dem Mund untersucht, denn dort befinden sich in diesem Alter noch die meisten Tastrezeptoren. Über die Lippen und den Mund erforscht Ihr Baby, wie sich ein Gegenstand anfühlt und welche Oberflächenbeschaffenheit er aufweist. Nach und nach beginnt es, mit den Fingern zu greifen und zu tasten.

Hören

Babys hören schon im Mutterleib. Neugeborene fürchten sich vor lauten Geräuschen. Sie bevorzugen die menschliche Stimme. Dabei können sie die Stimme ihrer Mutter schon nach wenigen Tagen aus anderen Stimmen heraus erkennen. Anhand von Lautfärbung und Tonfall unterscheiden sie sogar bereits die Mutter- von einer Fremdsprache!

Schmecken

Die angeborene Vorliebe für Süßes lässt bei sechs, sieben Monate alten Kindern allmählich nach. Sie interessieren sich auch für andere Geschmacksrichtungen wie salzig oder sauer.

Was Ihr Baby braucht: viel Hautkontakt und Zärtlichkeit.

Spielen macht Spaß und fördert die Entwicklung

Spielen Sie so viel wie möglich mit Ihrem Kind. Allerdings nur das, was Ihnen und Ihrem Sprössling Spaß macht. Gemeinsames Spielen fördert Ihre Beziehung zu Ihrem Kind. Zwingen Sie es dabei keinesfalls zu bestimmten Förderspielen!

In den ersten zwei Monaten dauert so eine »Spielstunde« nicht lange: höchstens fünfzehn bis zwanzig Minuten. Dann dreht Ihr Baby den Kopf weg und will in Ruhe gelassen werden. Mit der Zeit kann sich Ihr Kind dann immer länger konzentrieren.

Babyspiele sind ganz einfach.

Neugierig wird Ihr Baby Geräuschen wie etwa einem klimpernden Schlüsselbund oder einer Spieluhr lauschen. Es wird ihm auch gefallen, wenn Sie mit den Fingern schnippen, rhythmisch klatschen oder leise klopfen (etwa auf Holz).

Babys mögen Gesichter. Schneiden Sie Grimassen: Reißen Sie die Augen weit auf, strecken Sie die Zunge heraus und verziehen Sie den Mund! Ihr Baby wird augenblicklich (oder nach einem kurzen Staunen) versuchen, Sie zu imitieren. Anregend ist auch ein Mobile über dem Kinderbett. Mit fünf, sechs Monaten können Sie mit Ihrem Kleinen schon ein Stoffbilderbuch anschauen. Achten Sie auf einfache Bilder mit klar umrissenen Farben und Formen.

Tragen Sie Ihr Baby herum und zeigen Sie ihm verschiedene Gegenstände, z. B. eine Lampe oder ein Stofftier. Kinder sind fasziniert vom Spiegelbild, vor allem, wenn Sie dabei die Lampe an- und ausknipsen. Stellen Sie sich mit ihm ans Fenster und machen Sie es auf das aufmerksam, was draußen passiert, oder gehen Sie mit ihm spazieren. Lassen Sie Ihr Kind beispielsweise auf den Vogelgesang oder das Brummen der Lkws horchen. Nehmen Sie sich ausgiebig Zeit für solche Streifgänge und bleiben Sie immer wieder stehen, damit Ihr

Sprössling auch genau hinsehen kann. Geben Sie Ihrem Baby einfache Gegenstände in die Hand, es wird sie fest umschließen und in den Mund nehmen.

Krabbelspiele

Bieten Sie Ihrem Baby Krabbelspiele an. Krabbeln Sie z. B. vor Ihrem Sprössling durch die Wohnung und schlüpfen dabei in die Rolle einzelner Tiere. Einmal können Sie dabei eine Katze sein, die miaut, ein anderes Mal ein gefährlicher Löwe, der sein Maul weit aufsperrt. Ihr Baby wird das nachmachen.

Babys lieben es, krabbelnde Finger auf ihrem Körper zu spüren. Dazu können Sie einen Abzählreim sprechen:

Kommt ein Mann die Treppe rauf (dabei wandern Ihre Finger langsam den Babybauch oder -arm hinauf),

klopft an (Sie tupfen Ihrem Baby leicht auf die Stirn),

ding-dong (Sie berühren ein Ohrläppchen),

guten Tag, Herr Nasenmann (Sie zupfen Ihr Kind leicht am Näschen).

Tobespiele

Wirbeln Sie Ihr Baby (sanft!) durch die Luft.

Etwa beim *Fliegerspiel*: Legen Sie sich Ihr Baby auf die Unterarme, halten Sie einen Arm und ein Bein fest und bewegen Sie Ihre Arme nach links und rechts. Dann geht es runter zum Boden oder hoch in die Luft.

Schön ist auch das *Hochwerf*-Spiel (allerdings erst, wenn Ihr Baby seinen Kopf selber halten kann).

Lassen Sie Ihr Kind an sich hochklettern. Halten Sie es dazu unter den Armen, sodass es sich mit seinen Füßen an Ihren Beine entlang über den Bauch bis auf Ihre Schultern hangeln kann. Mit einem Plumps lassen Sie es dann schnell wieder nach unten fallen. Wichtig dabei: Halten Sie Ihr Kind gut fest – es hat Vertrauen zu Ihnen!

Das sind Spiele für Väter.

Fingerspiele

Die meisten Babys interessieren sich für Finger. Zeigen Sie ihm Fingergesichter: Malen Sie auf Ihren Zeigefinger ein Gesicht. Sie können natürlich auch einen Gummihandschuh bemalen und anziehen. Bewegen Sie den Finger – das Gesicht wird dabei lebendig –, und lassen Sie das Gesicht etwas erzählen. Oder Sie malen auf die einzelnen Fingerspitzen je ein Gesicht, sodass mehrere Leute entstehen, die sich miteinander unterhalten und Geschichten erzählen.

Sie können auch die Hand Ihres Babys nehmen und einen Finger nach dem anderen abzählen. Dazu sprechen Sie folgenden Vers:

Das ist der Daumen,
der schüttelt die Pflaumen,
der hebt sie auf,
der trägt sie nach Haus,
und der Kleine isst sie alle auf.
(Den kleinen Finger dazu hin und her bewegen.)

Hoppe-Reiter-Spiel

Der bekannteste Reiter-Vers ist das Hoppe-Reiter-Lied. Dazu nehmen Sie Ihr Kind auf den Schoß und schaukeln es auf den Knien im Rhythmus:

Hoppe, hoppe, Reiter,
wenn er fällt, dann schreit er,
fällt er in den Graben,
fressen ihn die Raben,
fällt er in den Sumpf,
macht der Reiter plumps.
(Lassen Sie Ihr Kind dabei sanft durch die Beine
»plumpsen«).

Wasserspiele

Die meisten Kinder lieben das Wasser. Geben Sie Ihrem Kind einen oder mehrere Becher mit in die Badewanne, damit es Wasser schöpfen und wieder ausgießen kann. Oder tauchen Sie – selber in der Badewanne sitzend – mit Ihrem Gesicht und insbesondere Ihrem Mund unter Wasser und prusten Sie kräftig los.

Kleinkinder lieben es auch, im Sandkasten zu manschen und Klößchen aus Lehm zu formen. Lassen Sie Ihr Kind diese Erfahrung machen!

Das sprudelnde Geräusch wird Ihrem Kind enormen Spaß machen.

Singspiele

Ihr Baby findet nichts so schön wie Ihre Stimme.

Singen Sie Ihrem Kind Einschlaf- oder Kinderlieder vor. Beim Spielen, bei der Hausarbeit und immer, wenn Sie gerade Lust dazu haben. Hierzu eignen sich einfache Kinderlieder – Sie kennen doch noch *Alle meine Entchen, A,B,C, die Katze lief im Schnee* und *Kuckuck, Kuckuck, rufts aus dem Wald?* Am Ende des dritten Lebensjahres kann Ihr Sprössling sicher schon ein paar Lieder auswendig. Singen kann den ganzen Körper einbeziehen (wenn Sie dabei tanzen) und regt gleichzeitig den Geist an. Geeignet sind auch Kassetten mit Kinderliedern.

Sie können Ihr Baby auch trommeln lassen, z. B. mit einem Kochlöffel auf einem Topf. Kaufen Sie ihrem Kleinkind einfache Instrumente: Mundharmonika, Trommel, Triangel oder Schelle. Machen Sie mit ihm Musik (s. auch S. 96–103).

Ballspiele

Am besten spielen Sie im Hof oder Garten oder in der Garage.

Geben Sie Ihrem Baby einen Ball in die Hand. Ihr Einjähriges können Sie schon nach dem Ball kicken lassen. Oder lassen Sie es am Boden sitzen und rollen Sie ihm aus kurzer Entfernung einen Ball zu, den es fangen und zurückrollen soll. Zweijährige können schon versuchen, den Ball aus kurzer Entfernung in einen Papierkorb oder Kochtopf zu werfen.

Malspiele

Setzen Sie sich mit Ihrem Kleinkind an den Tisch und malen ihm etwas vor, was es nachmalen darf. Fordern Sie es auf, selbst zu malen. Besonders beliebt sind Fingerfarben. Lassen Sie es mit Wachsmalkreiden selbst experimentieren (s. auch S. 65–71).

Suchspiele

Babys lieben das *Kuckuck*-Spiel: Verstecken Sie Ihr Gesicht hinter einer Decke, und schauen Sie plötzlich mit einem

»Kuckuck« hervor: Ihr Baby wird es mit einem erregten Auf-
schrei des Entzückens quittieren.

Später wird Ihr Kind Versteckspiele lieben: Verbergen Sie
sich hinter einem Vorhang und rufen Sie Ihr Kind. Es wird
überglücklich sein, wenn es Sie findet.

Wenn Ihr Kind schon etwas besser sprechen gelernt hat,
können Sie ein paar Gegenstände, die es schon benennen
kann, hinter sich legen. Dann nehmen Sie eines hoch und fragen: »Was ist das?« Loben Sie Ihr Kind kräftig für die richtige
Bezeichnung!

Kinder lieben Versteckspiele.

Sprechen Sie mit Ihrem Baby!

Babys haben ein angeborenes Interesse an der menschlichen
Stimme, und sie lieben kleine Melodien. Sie bevorzugen sanfte hohe Töne, weil sie die am besten hören können. Am meisten genießt Ihr Baby es, wenn Sie singen und es dabei auf
Ihrem Arm tragen, sodass es Ihre Nähe spürt.

Nicht nur Omas und Tanten, sondern buchstäblich alle
Menschen sprechen mit Babys etwas höher als gewöhnlich
und produzieren eben sanfte, beruhigende Töne sowie einfache, immer wiederkehrende Melodien und Geräusche. Kleine
Kinder lieben diese Baby-Sprache, und sie brauchen sie für
die Entwicklung ihres Sprachverständnisses.

Kombinieren Sie tröstende Worte mit sanften Schaukelbe-
wegungen. Dadurch lernt Ihr Baby, bestimmte Worte mit
Handlungen in Verbindung zu bringen. Verwenden Sie ruhig
die Ammensprache, die zeitweise sehr verpönt war: Sie stellen sich damit auf das Niveau Ihres Babys ein und erwecken
bei ihm die notwendige Aufmerksamkeit. Auf diese Weise regen Sie Ihr Baby auch zum Nachahmen an, denn mit der Baby-
Sprache werden auch Gefühle transportiert.

Erwachsene auf der ganzen Welt stellen sich intuitiv auf das Niveau von Babys ein.

Ihr Baby kann schon früh selbst »sprechen«. Etwa im Alter von drei Monaten beginnt es, seine eigene Sprache zu entwickeln: Es brabbelt. Mit der Zeit differenziert sich die Sprache aus. Mit drei Jahren können Kinder sich schon gut verständlich machen.

Die geistige Entwicklung in den ersten drei Jahren

Die geistige Entwicklung schreitet im ersten Lebensjahr rasant voran. Nie mehr im Leben machen wir so eine schnelle Entwicklung durch wie im ersten Lebensjahr. Das kindliche Gehirn reift immer mehr aus, laufend werden neue Vernetzungen gebildet. Ganz wichtig ist, dass das Gehirn ständig neue Reize bekommt, um Erfahrungen zu machen.

Ihr Baby und später Ihr Kleinkind lernt täglich dazu.

Etwa mit einem Dreivierteljahr versteht Ihr Kind, dass ein Gegenstand noch weiter existiert, obwohl die Mutter ihn unter der Decke versteckt hat. Einjährige begreifen, dass man Hilfsmittel einsetzen kann: Sie schieben einen Stuhl heran, um auf den Tisch zu gelangen, oder nehmen einen Stock, um den Ball unter dem Sofa wieder hervorzuholen. Auch das Gedächtnis funktioniert schon gut. Mit eineinhalb Jahren kann ein Kind auch schon einfache Zusammenhänge erkennen. Es weiß, dass Mantelanziehen Spazierengehen bedeutet, und es wird an die Tür gehen, wenn es klingelt.

Denkentwicklung im dritten Lebensjahr

Das Gedächtnis funktioniert schon sehr gut.

Auch im dritten Lebensjahr entwickeln sich das Zentralnervensystem und damit die Denkfähigkeiten und Begabungen rasch weiter. Das Gehirn wird schwerer und seine Struktur komplexer: Immer mehr Verbindungen entstehen zwischen den Nervenzellen. Das Kind muss nicht mehr jeden Gegenstand anfassen, um ihn zu erkennen. Die visuelle Wahrnehmung wird jetzt dominant (wie beim Erwachsenen) und verdrängt das Tastempfinden mehr und mehr. Das Kind kann Gegenstände jetzt zuverlässig erkennen, auch wenn sie in neuer Perspektive (von hinten, von der Seite) erscheinen.

Besonders mit der Vervollkommnung der Sprache wächst auch die Denkfähigkeit des Kindes. Es stellt Zusammenhänge her, unterscheidet Dinge, merkt sich Eigenschaften, verallgemeinert Erlebnisse und Erfahrungen und stellt sich auf diese Weise ein eigenes kleines Weltbild zusammen, das häufig mit der Erwachsenenrealität wenig zu tun hat (sogenannte *magische Phase*). Das Kind hat seine eigene Logik: Es nimmt z. B. an, dass es dem Stuhl wehtut, wenn es gegen ihn schlägt. Abstrakte Begriffe wie Zeit, Angst, Krankheit oder gar Gerechtigkeit versteht es noch nicht.

Der kleine Mensch denkt magisch.

Wie lange kann ein Kind sich konzentrieren?
Wie lange ein Kind bei der Sache bleibt, ist abhängig vom Alter und der Persönlichkeit. Mit 18 Monaten kann sich ein Kind nur kurz konzentrieren, von einem Kindergartenkind kann man später erwarten, dass es etwa eine Viertelstunde zuhört, wenn Sie ihm etwas vorlesen. In diesem Alter sollte es sich eine halbe Stunde lang selbst beschäftigen können. Aber auch zu Schulbeginn sind die meisten Kinder noch nicht in der Lage, sich länger als 20 Minuten voll auf eine schwierige Aufgabe zu konzentrieren.
Grundschullehrkräfte »rhythmisieren« daher den Unterricht: Auf Phasen hoher Konzentration folgen zumindest kurze entspannende Phasen mit Bewegungsübungen, einem Lied, kurzem Luftschnappen am Fenster oder auch einfach einer Klopause. Außerdem sollten sich verschiedene Tätigkeiten wie Lesen, Malen, Rechnen oder Singen abwechseln.

Fördern Sie die emotionale Intelligenz!

Wie wir heute wissen, reicht sprachliche, mathematisch-logische und räumliche Intelligenz bei weitem nicht aus, um erfolgreich zu sein. Der amerikanische Psychologe Daniel Goleman hat es populär gemacht: Wir brauchen auch die so genannte *emotionale Intelligenz* bzw. Kompetenz (s. auch S. 89–92).

Darunter versteht man diejenige Intelligenz, die sich in unserem Verständnis und unserem Umgang mit menschlichen Gefühlen zeigt, also mit der komplexen Skala zwischen Angst und Wut, Liebe und Aggression, Verzweiflung und Freude. Ohne ein intaktes Gefühlsleben, so Golemans These, taugt der beste Intellekt nichts, denn beide Systeme, das emotionale und das rationale, stehen in beständiger Wechselwirkung.

Empathie – Grundlage der emotionalen Intelligenz

Wer sich selbst nicht kennt, wird auch andere nicht verstehen.

Die Grundlage der emotionalen Intelligenz ist *Empathie*, das Einfühlen in andere, aber auch das Einfühlen in sich selbst. Der Grundstein dafür wird schon in frühester Kindheit gelegt. Je offener wir für unsere eigenen Emotionen sind, desto besser können wird die Gefühle anderer deuten. Empathie ist die Fähigkeit, sich emotional auf andere einzustellen. Um die Gefühle eines anderen zu erfassen, muss man Äußerungen im nonverbalen Bereich deuten können, in dem die Gefühle hauptsächlich vermittelt werden. Dazu gehören der Klang der Stimme, eine Geste, der Gesichtsausdruck und dergleichen mehr. Wer Empathie besitzt, ist emotional besser angepasst, extrovertiert und sensibel.

> ### Emotionale Intelligenz und Schulerfolg
> Wie Untersuchungen zeigen, sind Kinder, die Gefühle zu deuten verstehen, emotional stabiler und gleichzeitig tendenziell beliebter in ihrer Klasse. Sie sind in der Schule erfolgreicher, obwohl ihr IQ im Durchschnitt nicht höher ist als der von Kindern, die im Deuten nonverbaler Mitteilungen weniger gut sind.
> Die Fähigkeit zur Empathie ist übrigens unabhängig von anderen Intelligenzbereichen!

Die Wurzeln der Empathie lassen sich bis ins Kleinkindalter zurückverfolgen. Kleinkinder empfinden Mitgefühl mit anderen, bevor sie richtig erfasst haben, dass diese anderen eigenständig existieren. Schon wenige Monate nach der Geburt reagieren sie auf andere, als wären sie selbst betroffen. Mit etwa einem Jahr begreifen sie, dass der Kummer nicht ihr eigener ist, aber sie wissen noch nicht so recht, was sie tun sollen. Mit zweieinhalb Jahren erkennen sie, dass das Leid des anderen etwas anderes ist als ihr eigenes Leid, und können andere trösten.

Empathie entwickelt sich schon früh.

Förderung der Empathie

Wie können Sie die Empathie Ihres Babys fördern? Wie der amerikanische Psychologe Daniel Stern herausgefunden hat, werden im wiederholten Austausch von Blicken zwischen Mutter und Kind die grundlegenden Lektionen des Gefühlslebens erlernt. Er nennt diesen Vorgang *Abstimmung*. Wiederholte Abstimmungen lassen beim Kleinkind das Empfinden entstehen, dass andere an seinen Gefühlen teilhaben. Zeigen Sie Einfühlung in Ihr Baby, wenn es Freude, Tränen oder Schmusebedürfnis zeigt. Je besser diese Abstimmung gelingt,

umso besser kann sich Ihr Baby emotional entwickeln. Zwingen Sie Ihr Baby aber nie zum Blickkontakt! Schäkern Sie mit ihm, aber lassen Sie es in Ruhe, wenn es von selbst seinen Kopf wegdreht.

Die Familie ist unsere erste Schule für das emotionale Lernen. Die Schulung der Gefühle erfolgt dabei nicht allein damit, dass Sie Ihrem Kind Hinweise und Anregungen geben, sondern auch über das Vorbild, das Sie im Umgang mit Ihren eigenen Gefühlen und den Gefühlen abgeben, die Sie Ihrem Partner vermitteln. Vor allem aber hat Ihr Umgang mit Ihrem Kind tief reichende und bleibende Folgen für sein Gefühlsleben.

Hilfestellung geben ohne unnötiges Einmischen.

Wichtig dabei ist, dass Sie sich nicht mehr als nötig einmischen. Verlieren Sie nicht die Geduld, wenn Ihr Kind ungeschickt ist. Werden Sie nicht wütend und fangen Sie nicht an zu schreien, wenn irgend etwas nicht klappt. Helfen Sie ihm, das Spiel auf seine Weise zu erkunden (auch wenn es Ihnen ungeschickt erscheint), statt ihm Ihren Willen aufzuzwingen. Kinder sind enorm stolz, wenn sie die Schwierigkeiten selbst bewältigt haben.

Ignorieren Sie niemals die Gefühle Ihres Kindes, sondern zeigen Sie ihm, dass Sie bei seiner Freude, seinem Stolz, aber auch bei seinem Kummer und Schmerz mitempfinden. Ganz schädlich ist Verächtlichkeit, d. h. wenn Eltern keinen Respekt für die Empfindungen ihres Kindes zeigen. Solche Eltern sind oft missbilligend und streng, sowohl in ihrer Kritik wie auch bei ihren Strafen. Sie verbieten ihrem Kind z. B. jede Äußerung von Unmut.

So wird Ihr Kind selbstsicher

Achten Sie immer auf die Bedürfnisse Ihres Kindes. Babys haben nur eine kurze Aufmerksamkeitsspanne. Wird es ihnen zuviel, drehen sie ihren Kopf weg. Achten Sie auf dieses Signal und lassen Sie Ihr Baby in Ruhe. Es braucht zwischen den Phasen der Anregung auch immer wieder Ruhephasen. Beachten Sie diese, so lernt Ihr Baby, dass es ernst genommen und respektiert wird.

Ruhephasen auskosten.

Vergessen Sie nicht: Die Lektionen, die man in der Kindheit lernt, können Menschen für das ganze Leben prägen. Wenn Sie die Bedürfnisse Ihres Kindes immer respektieren, lernt es, später selbst seine Bedürfnisse wahrzunehmen und adäquat darauf einzugehen.

Konzentration ist eine wichtige Stützfunktion der Intelligenz und des Denkens. Ohne sie kann man seine Begabungen nicht umsetzen. Schon Babys sind von Dingen fasziniert und richten ihre ganze Aufmerksamkeit darauf. Stören Sie es nicht, wenn es interessiert seine Fingerchen betrachtet, was eine seiner Lieblingsbeschäftigungen sein wird.

Konzentration aufbringen.

Wichtig ist, dass Sie Ihr Kind nicht allzu oft aus dem Spiel reißen (etwa weil Sie einkaufen gehen müssen). Sorgen Sie für eine Ecke, in der es sich ruhig beschäftigen kann – ohne einen laufenden Fernseher im Hintergrund!

Auf Trab sein.

Wie man heute weiß, ist körperliche Bewegung auch für die geistige Entwicklung gut (s. auch S. 111–115). Salopp ausgedrückt: Kinder, die nicht rückwärts laufen können, haben auch in der Schule Probleme. Bewegung ist nötig, um Geschicklichkeit und Reaktionsvermögen zu trainieren. Kinder, die keine Möglichkeit haben, sich auszutoben, können zappelig und unkonzentriert werden.

Die Förderung beginnt schon im Babyalter: Machen Sie Babymassage, lassen Sie Ihr Baby krabbeln, sich allein hochziehen. Turnen Sie mit Ihrem Kleinkind. Und gehen Sie viel mit ihm in Freie, lassen Sie es herumtoben, balancieren, schaukeln, aufs Klettergerüst steigen. Besorgen Sie ein Rutscherauto (Bobby-Car), ein Dreirad, später einen Roller und lassen Sie Ihr Kleines damit herumfahren.

»Selbstwirksamkeit« erfahren

Wer Erfolg hat, macht weiter – auch ein Baby.

Kinder, die positive Erfahrungen machen, d. h. dass ihnen etwas gut gelingt, entwickeln ein gesundes Selbstbewusstsein und merken, dass sie selbst Dinge bewirken können. Dieses Gefühl der *Selbstwirksamkeit* hilft ihnen, sich Problemen und Schwierigkeiten ohne die Angst zu stellen, dass sie Anforderungen sowieso nicht meistern können. Ihr Kind will in dem, was es kann, immer besser werden. Erfolge darin machen es glücklich, Misserfolge demotivieren.

Achten Sie auf die Signale Ihres Babys. Bemühen Sie sich, seine Mimik und Gestik richtig zu deuten. Werden seine Bedürfnisse nicht beachtet, beginnt Ihr Kind zu weinen. Mit einem halben Jahr entwickelt Ihr Baby immer mehr seinen eigenen Willen. Es dreht sich weg, wenn es nicht schmusen will, oder schlägt Ihnen den Löffel aus der Hand, wenn es den Brei nicht essen will. Lassen Sie ihm seinen Willen, zwingen Sie ihm nichts auf.

Lassen Sie Ihr Baby und später Ihr Kleinkind immer wieder allein spielen, ohne es zu stören. So wie Babys es lieben, ihre Fingerchen zu betrachten, sind Einjährige fasziniert, wenn es ihnen gelingt, mehrere Bauklötzchen aufeinander zu stapeln. Stören Sie es nicht dabei und eilen Sie ihm nicht unaufgefordert zu Hilfe! Das würde Ihr Kind entmutigen und ihm vermitteln, dass es den Turm ja doch nicht bauen könne. Bewältigt es seine Schwierigkeiten aus eigener Kraft, lernt es: Ich schaffe es auch allein.

Allein spielen.

Günstig ist, wenn sich Ihr Kind mit einer Aufgabe beschäftigt, die seinem Niveau entspricht: Sie darf nicht zu langweilig sein, es aber auch nicht überfordern. Überforderung macht Angst. Am besten lernen Kinder (und auch Erwachsene!), wenn sie sich für etwas interessieren und wenn die Beschäftigung damit Spaß macht.

Es ist gut, wenn Sie die Begabungsschwerpunkte Ihres Kindes erkennen. Sie können dann seine Stärken unterstützen, aber auch zugleich die Bereiche fördern, in denen es schwächer ist.

Fordern Sie Ihr Kind heraus, aber überfordern Sie es nicht!

Lob und Ermutigung erfahren

Quittieren Sie die Entwicklungsfortschritte Ihres Kindes mit (dosiertem) Lob. Macht Ihr Baby die ersten Schritte, vermitteln Sie ihm, wie toll Sie das finden. Kinder brauchen den Stolz ihrer Eltern, das gibt Selbstvertrauen. Wie Sie loben und ermutigen sollten, lesen Sie genauer auf S. 75/76. Denn es gibt auch Lob, das dem Kind die Lust an der Tätigkeit mindert.

Sanfte Führung motiviert. Machen Sie Spielvorschläge (»Meinst du, du könntest das Blatt ganz bunt anmalen?«), geben Sie Rückmeldung (»Das ist ja super geworden!«). Üben Sie keinen Druck auf Ihr Kind aus (»Streng dich doch endlich mal an!«), denn damit ernten Sie nur schlechte Laune.

Der schulische Erfolg Ihres Kindes hängt in erstaunlichem Maß von emotionalen Persönlichkeitsmerkmalen ab, die in den Jahren geformt werden, bevor Ihr Kind in die Schule kommt. Die emotionale Intelligenz ist somit eine wichtige Grundlage für das gesamte weitere Lernen. Wie man aus Untersuchungen weiß, hängt Schulerfolg nicht allein vom Faktenwissen oder gar einer vorzeitigen Lesefähigkeit, sondern wesentlich auch von emotionalen und sozialen Merkmalen ab.

Sozial kompetentes Verhalten – ein Schlüssel zum Schulerfolg.

Selbstsichere und aufgeweckte Kinder sind in der Schule erfolgreich. Ihr Kind sollte aber gleichzeitig verstehen, was für ein Verhalten von ihm erwartet wird, und Impulse zu unerwünschtem Verhalten zügeln können. Es muss später in der Schule fähig sein zu warten, Anweisungen zu befolgen und sich um Hilfe an die Lehrer zu wenden. Es sollte fähig sein, seine Bedürfnisse zu äußern und mit anderen Kindern auszukommen. Sie sollten von Anfang an Ihrem Baby Zustimmung und Ermutigung vermitteln. Auf diese Weise lernt Ihr Kind, sich den Herausforderungen des Lebens zu stellen.

Die Wurzeln für Selbstsicherheit und Optimismus werden schon in früher Kindheit gelegt. Schädlich ist es, wenn Sie selbst mutlos, chaotisch oder gleichgültig sind. Sie als Eltern legen den Grundstein für Selbstvertrauen, Neugier, Freude am Lernen und die Einsicht in die eigenen Grenzen.

Die intellektuelle Begabung

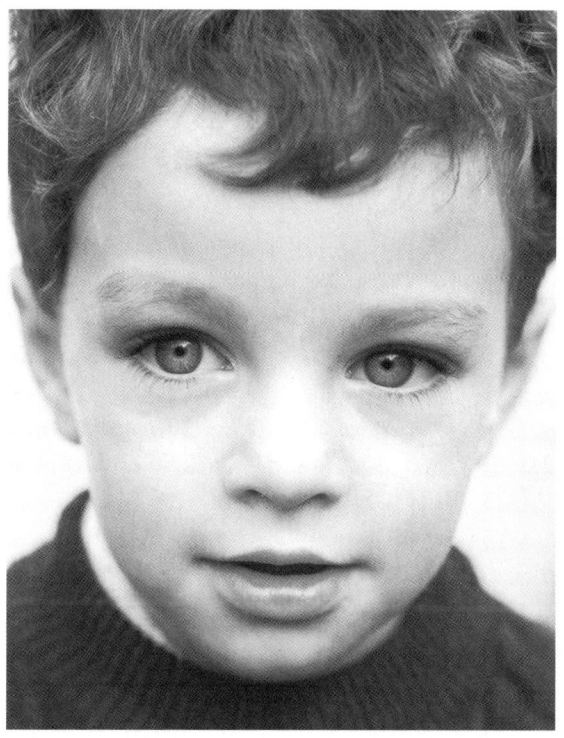

*Zur intellektuellen Begabung zählen wir hier
die sprachliche, die räumliche und die mathematisch-logische Intelligenz sowie die Fähigkeit zum
schlussfolgernden Denken.*

Sprachliche Begabung.

Personen mit hoher sprachlicher Begabung verfügen über einen großen Wortschatz, den sie auch flexibel einsetzen können. Es fällt ihnen leicht, auch komplizierte Gedanken und Gefühle so in Worte zu fassen, dass Zuhörer (oder Leser) geradezu in ihren Bann gezogen werden. Journalisten, Schriftsteller, aber auch Showmaster und große Redner verfügen über diese Fähigkeit häufig in besonderem Maße. Sprachliche Begabung lässt sich oft schon im Vorschulalter erkennen und auch fördern.

Räumliche Begabung.

Die räumliche Begabung hingegen bildet sich als eigenständige Begabungsform schwerpunktmäßig erst im Schulalter heraus. Diese Fähigkeit zeigt sich daran, dass jemand räumlich denken, sich also räumliche, dreidimensionale Objekte im Kopf gut vorstellen kann. Das ist nützlich, wenn man die Einrichtung einer Wohnung plant, weil dann die Anordnung der Möbel und die spätere Raumwirkung schon in der Vorstellung vorhanden sein kann. Und auch beim Umzug hilft räumliche Begabung, den Möbelwagen optimal voll zu laden, sodass kein Blatt Papier mehr zwischen die einzelnen Teile passt.

Mathematisch-logische Begabung.

Mathematische und logische Begabungen

Personen mit ausgeprägter mathematisch-logischer Begabung erkennt man daran, dass es ihnen leicht fällt, mit Zahlen umzugehen und dass sie systematisch und logisch denken können. Bankkaufleute sollten, Mathematiker und Informatiker müssen über mathematisch-logische Begabung verfügen. Auch wenn sich viele Aspekte der mathematisch-logischen Begabung erst im Schulalter entwickeln, zeigen sich doch bereits im Vorschulalter wichtige Vorläufer und Grundlagen dieser Begabungsrichtung.

Eng verwandt mit der mathematisch-logischen Begabung ist das schlussfolgernde oder induktive Denken. Mit seiner

Hilfe sind wir in der Lage, Regeln, Zusammenhänge oder Ähnlichkeiten zu erkennen und daraus Schlüsse zu ziehen. Schlussfolgerndes Denken hilft uns im Alltag enorm, beispielsweise wenn wir uns ein Auto von Freunden ausleihen. Zwar kennen wir diesen Autotyp vielleicht nicht, und vor allem, wir sind noch nie selbst damit gefahren. Wir erkennen aber die Ähnlichkeiten in der Bedienung mit unserem eigenen, vertrauten Wagen und kommen dann in der neuen Situation schon zurecht, auch wenn wir sicherlich anfangs etwas vorsichtiger fahren werden. In gleicher Weise wird es Ihren Kindern später einmal nicht schwer fallen, von einem PC-Textverarbeitungsprogramm auf ein anderes umzusteigen. Das schlussfolgernde Denken bildet sich bereits im Vorschulalter heraus und kann gut gefördert werden.

Schlussfolgerndes Denken.

Die sprachliche Begabung

Die sprachliche Entwicklung und damit natürlich auch die Entwicklung der sprachlichen Begabung bei Kindern im Alter von neun Monaten bis vier Jahren ist der Entwicklungsfortschritt, der viele Eltern am stärksten beeindruckt. Groß ist die Freude, wenn das Kind erstmals *Mama* oder *Papa* sagt und wenn die Eltern nach und nach mit dem Kind sprechen und Gedanken und Wünsche mit Worten austauschen können. Die Kinder sind dann nicht mehr darauf angewiesen, dass ihre Eltern »erraten«, was sie mit ihrem Schreien oder Weinen eigentlich ausdrücken wollen, sondern können ihre Wünsche direkt äußern.

Die sprachliche Förderung ist das A und O.

Mit Kindern sprechen
Die Förderung der sprachlichen Entwicklung Ihres Kindes ist denkbar einfach und schwierig zugleich. Sie ist einfach, weil

Sie im Grunde nichts tun müssen, als möglichst viel mit Ihrem Kind zu sprechen. Sie ist schwer, weil genau dieses vielen Eltern gar nicht so leicht fällt. Vielleicht geht es auch Ihnen so oder wird es Ihnen oftmals so gehen, dass Zeitdruck und Stress, aber auch Abgespanntsein und Müdigkeit verhindern, dass sie sich intensiv mit Ihrem Kind befassen können.

Den Alltag im Gespräch begleiten.

Vielleicht schaffen Sie es aber trotzdem, mit Ihrem Kind bei den alltäglichen Tätigkeiten zu sprechen. Begleiten Sie die immer wiederkehrenden Dinge wie Anziehen, Kochen, Aufräumen mit Worten, indem Sie Ihrem Kind möglichst viel erläutern: »So, jetzt kommt die dicke Jacke. Zeig mal deinen Arm – und reinschlüpfen …« oder »Jetzt muss ich das Mittagessen kochen. Was haben wir denn im Kühlschrank? Ach, da sind ja noch Nudeln von gestern …«. Sprechen Sie klar, deutlich und nicht zu schnell, damit Ihr Kind leichter das Gehörte verarbeiten und verstehen kann. Dialekt schadet dabei nichts! Aber: Zwingen Sie Ihr Kind nicht zum Gespräch, wenn es in Ruhe spielen will!

Ist die Baby-Sprache schädlich?

»Wadde hadde dudde da?«, so fragt nicht nur Stefan Raab, in dieser Art Baby-Sprache sprechen auch viele Erwachsene mit Kindern. Manche Eltern reagieren geradezu allergisch, wenn beispielsweise die Großeltern in Baby-Sprache mit ihren Kindern reden. Es gibt aber keine wissenschaftliche Untersuchung, die einen bleibenden, schädlichen Einfluss dieser Baby-Sprache auf die sprachliche Entwicklung der Kinder nachweist. Allerdings sollten Sie als die wichtigsten Bezugspersonen und Gesprächspartner Ihres Kindes spätestens ab dem Zeitpunkt, zu dem verstärkt der Aufbau des Wortschatzes erfolgt, also ab einem Alter von ca. 12–18 Monaten, möglichst in »normaler«, Sprache reden.

Babys versuchen zunächst Laute, die sie hören, nachzuahmen. Hierzu ist die »Wadde hadde dudde da?«-Sprache sogar geeignet, weil nur wenige Laute vorkommen, diese dafür aber häufig wiederholt werden. Die ersten Worte, mit denen sich Ihr Kind ausdrückt, werden in der Regel auch Vereinfachungen sein wie »Wau-Wau«, »Winke-Winke« oder »Dada«. Wenn Ihr Kind aber seinen Wortschatz aufbaut und erweitert, sollte es natürlich die Wörter gleich richtig lernen. Gegen ein paar Ausnahmen, beispielsweise im Hinblick auf persönliche Dinge Ihres Kindes (»Didi« für Schnuller, »Gogo« oder »Muse« für Schmusekissen usw.) ist natürlich nichts einzuwenden! Auch erfinden Kinder auf kreative Art bisweilen höchst private Namen für bestimmte Dinge. Dieser Spaß an der Sprache sollte ihnen natürlich nicht vergällt werden!

Vorlesen ist wichtig, aber was?

Eine hervorragende Möglichkeit, die sprachliche Entwicklung ihres Kindes zu fördern, ist das gemeinsame Ansehen von Bilderbüchern und das Vorlesen. *Gemeinsames Ansehen von Bilderbüchern* heißt, dass Sie mit Ihrem Kind über die Bilder sprechen und sie ihm erklären: »Schau, da sitzt die kleine Ente im Pantoffel. Ganz tief kuschelt sie sich hinein. Da kann sie sich wärmen …« Lassen Sie aber auch Ihr Kind zu Wort kommen und geben Sie ihm viel Zeit, um seine Gedanken und Ideen zu formulieren. Gewöhnen Sie sich von Anfang an daran, Ihr Kind ausreden zu lassen, auch wenn es manchmal etwas länger braucht, um etwas auszudrücken. Natürlich können Sie ihm Hilfestellung geben und verraten, wie manche

Bücher sind Freunde – schon für Babys.

Dinge heißen. Aber vermeiden Sie es, so gut es geht, Ihrem Kind den Eindruck zu vermitteln, dass es zu langsam oder fehlerhaft spricht. Ihr Kind soll am Sprechen und Erzählen Freude gewinnen!

> **_Hilfe, das Kind spricht falsches Deutsch!_**
> _Wenn Ihr Kind etwa drei Jahre alt ist, also ungefähr zu Beginn der Kindergartenzeit, werden Sie feststellen, dass es die Vergangenheit vieler Verben (Tunwörter) auf regelmäßige Art bildet. Es sagt dann beispielsweise »Ich laufte« anstatt »Ich lief«. Lassen Sie sich davon nicht beirren, selbst wenn Ihr Kind vorher korrekt »Ich lief« gesagt haben sollte. Dieser vermeintliche »Fehler« ist kein Zeichen dafür, dass Ihr Kind im Kindergarten etwa unter schlechten sprachlichen Einfluss gekommen ist. Nein, diese Phase der Sprachentwicklung zeigt, dass Ihr Kind verstanden hat, wie im Deutschen die Bildung der Vergangenheit »in der Regel« erfolgt: nach dem Schema »machen – machte« nämlich. Diese Regel wendet das Kind dann bei allen Verben an, weil es die vielen, vielen unregelmäßigen Verben der deutschen Sprache noch nicht kennen kann._
> _Jedenfalls zeigen diese Art »Fehler« an, dass Ihr Kind sprachliche Regeln erkennen und anwenden kann. Dieses Phänomen (Sprechpsychologen oder Sprachpädagogen bezeichnen es als »Übergeneralisierung«) spricht nicht zuletzt für eine positive Entwicklung des schlussfolgernden Denkens. Deshalb sollten Sie diese Fehler auch nicht korrigieren, aber natürlich selbst die korrekten Sprachformen verwenden. Sie können auch die Sätze Ihres Kindes in der korrekten Form ohne »Belehrung« wiederholen: »Papa, das blaue Auto fahrte zum Bauernhof!« – »Aha, das blaue Auto fuhr also zum Bauernhof. – Und wohin fährt jetzt das grüne Auto?«_

Besonders schön ist es für Kinder, wenn Sie einen regelmäßigen Termin für das Vorlesen einplanen können. Beispielsweise könnte das Vorlesen Teil eines festen Rituals beim Zu-Bett-Gehen sein. Dies ist auch eine gute Möglichkeit für viele Väter, sich jeden Tag zumindest eine Viertelstunde intensiv mit dem Kind zu beschäftigen und ganz für es da zu sein. Wenn Sie mehrere Kinder haben, können durchaus unterschiedliche Bücher oder Geschichten vorgelesen werden.

Das Zu-Bett-Geh-Ritual.

Grundsätzlich sollten Sie nur solche Geschichten oder Bücher vorlesen, die Ihrem Kind auch Spaß machen, bei denen es sich nicht fürchtet und die bei ihm keine Ängste erzeugen. Lesen Sie vor allem nichts vor, was Ihr Kind selbst nicht hören will. Fragen Sie Freunde nach Büchern und Geschichten, mit denen diese gute Erfahrungen bei ihren eigenen Kindern gemacht haben. Auch Buchhandlungen oder Büchereien mit eigenen Abteilungen für Kinderbücher beraten oft recht gut. Achten Sie dennoch darauf, welche Altersempfehlungen der Klappentext gibt, und lesen Sie ein paar Seiten vor dem Kauf oder der Ausleihe, um sich selbst ein Bild machen zu können.

Bücher vor dem Vorlesen testen.

Der Erstautor dieses Buches hat es sich sogar zur Regel gemacht, alle Bücher selber vorab von Anfang bis zum Schluss durchzulesen, um die Kinder auf eventuelle kritische Stellen vorzubereiten. Beispielsweise enthalten die sehr guten Kinderbücher von Astrid Lindgren einzelne Stellen, die Kindern nicht unkommentiert vorgelesen werden dürfen. Dazu gehören die Bücher über Lotta oder auch über Michel aus Lönneberga, die sich an sich durchaus für Kinder im Kindergartenalter eignen. Vielen Kindern macht es jedoch Angst, wenn beschrieben wird, wie Lotta das Fahrrad von Tante Berg »klaut«, mit Karacho in die Hecke braust und sich das Knie blutig schlägt. Auch Michels oftmals als sehr aufbrausend geschilderter Vater ist eine Figur, die Kindern Angst machen kann.

Wenn eine Geschichte Angst auslöst: Finger weg.

Übrigens müssen es nicht unbedingt die Kleinsten sein, die sich bei solchen Geschichten fürchten. Gerade ältere Kinder, die Folgen von kleinen Unfällen oder schimpfende Erwachsene schon selbst erlebt haben, ängstigen sich manchmal mehr. Das hängt auch damit zusammen, dass sie Sprache und Inhalt der Geschichten besser verstehen und in den Geschichten tiefer »mitleben«.

Bedenken Sie überhaupt, dass viele gute Bücher, die bei uns als Kinderbücher gelten, eigentlich für Jugendliche oder gar Erwachsene geschrieben wurden. Vielleicht hilft Ihnen unsere Tabelle auf S. 50/51 bei der Auswahl von Kinderbüchern. Alle diese Bücher haben dem Erstautor selbst großen Spaß beim Vorlesen bereitet. Falls Ihr Kinder in seiner Entwicklung seinem Alter voraus ist, können Sie auch zu Büchern greifen, die laut Tabelle für ältere Kinder geeignet sind. Wenn Sie auf der sichern Seite bleiben wollen, empfehlen wir die Bücher der Tabelle auf S. 50/51.

Reim- und Buchstabenspiele

Reim- und Buchstabenspiele machen Kindern bis weit in das Grundschulalter hinein viel Spaß. Viele Kinder lieben es, mit Buchstaben herumzuprobieren, passende Wörter zu Buchstaben zu finden und nach Reimen zu suchen. Bereits mit den kleinsten können Sie kleine Spiele machen, die Ihrem Kind sicher gut gefallen werden.

»Der Reis / ist heiß« – darauf kann ein Kind sehr stolz sein.

Bei folgendem Spiel »gehen« Sie mit Zeige- und Mittelfinger den Arm Ihres Kindes hoch vom Ellenbogen aus bis zur Hand, bleiben kurz auf der Faust »sitzen«, »kriechen« dann mit einem Finger in die Kinderfaust und schnarchen am Ende sanft und melodisch.

Himpelchen und Pimpelchen, die gingen auf einen Berg.
Himpelchen war ein Heinzelmann, und Pimpelchen war ein
  Zwerg.
Sie blieben lange da oben sitzen
und wackelten mit den Zipfelmützen.
Dann, nach 75 Wochen
sind sie in den Berg gekrochen.
Schlafen dort in guter Ruh –
sei mal still und hör gut zu:
Chch – chch – chch.

Weitere schöne Fingerspiel-Reime stehen auf S. 29.

Alter	Autor, Buchtitel	Thema
Jüngere Kindergartenkinder	Marcus Pfister Regenbogenfisch-Bücher	Anderssein, Fremde akzeptieren
	Astrid Lindgren Lotta-Bilderbücher	Geschichten um ein fünfjähriges Stadtkind
	Astrid Lindgren Michel-aus-Lönneberga-Bilderbücher	Geschichten über kleinen Bauernjungen, der die Erwachsenen mit seinen lustigen Streichen fast zur Verzweiflung treibt
	(Verschiedene Autoren) Kasimir–Bücher	Lustige Kurzgeschichten
	Hans de Beer Bilderbücher vom kleinen Eisbär	Geschichten vom kleinen Eisbären und seinen Freunden
	Gudrun Mebs Die Sara, die zum Circus will (Bilderbuch)	Sara erkennt, dass auch Clowns viel üben müssen
Vorschulkinder	Astrid Lindgren Lotta	s. o., aber jetzt als Text
	Otfried Preußler Das kleine Gespenst Die kleine Hexe Der kleine Wassermann Räuber Hotzenplotz	Märchenromane mit kurzen Kapiteln
	Astrid Lindgren Michel aus Lönneberga	s. o., aber jetzt als Text
	Michael Ende Jim Knopf	Fantastischer, faszinierender Märchenroman mit teilweise langen Kapiteln
	Astrid Lindgren Wir Kinder aus Bullerbü	Einfache Geschichten über das Leben auf einem Bauernhof (um 1930)
	Helmut Sakowski Katja-Henkelpott-Bücher	Die pfiffige Katja erlebt in Rostock die Probleme der Gegenwart

Alter	Autor, Buchtitel	Thema
Grundschulkinder	Paul Maar Sams-Bücher	Das »Sams« hilft dem schüchternen Herrn Taschenbier
	Astrid Lindgren Pippi Langstrumpf	Selbstständig sein und sich durchsetzen – auch gegen Erwachsene
	Cornelia Funke Igraine Ohnefurcht	Witzige und spannende Geschichte um Igraine, die allein mit ihrem Bruder gegen den bösen Gilgalad kämpfen muss, weil ihre Zauberer-Eltern sich versehentlich in Schweine verzaubert haben
Ältere Grundschüler	Erich Kästner Emil und die Detektive	Detektivgeschichte
	Erich Kästner Pünktchen und Anton	Freundschaft über soziale Schranken hinweg, Probleme mit den Eltern
	Erich Kästner Das doppelte Lottchen	Trennung der Eltern
	Astrid Lindgren Ronja Räubertochter	Selbstständig werden
	Astrid Lindgren Prinz Löwenherz	Tod
Jugendliche	Erich Kästner Emil und die drei Zwillinge	Erwachsen werden
Jugendliche und Erwachsene	Baron von Münchhausen: Wunderbare Reisen und Abenteuer Geschichten aus 1001 Nacht Deutsche Heldensagen Jonathan Swift: Gullivers Reisen Daniel Defoe: Robinson Crusoe usw.	

Spätestens ab dem Kindergartenalter wird Ihr Kind selber verstärkt kleine Gedichte oder Abzählreime lernen und Ihnen beibringen.

Eine kleine Mickymaus,
die ging mal ins Rathaus.
Wollte sich was kaufen.
Hatte sich verlaufen.
Mi Ma Mu -
Raus bist du.

Spielen Sie ruhig mit und loben Sie Ihr Kind, wenn es schöne Abzählreime aufsagen kann!

*B*uchstabenspiele.   Mit (älteren) Kindergartenkindern können Sie auch anspruchsvollere Reim- und Buchstabenspiele durchführen. Lassen Sie beispielsweise Ihr Kind ein Wort vorgeben, z. B. *Maus*, und versuchen Sie, ein dazu passendes Reimwort zu finden, z. B. *Haus*. Dann kann Ihr Kind überlegen, ob ihm ein weiteres Reimwort einfällt, z. B. *Laus* oder *raus*. Dieses Spiel können Sie natürlich auch mit mehreren Kindern reihum spielen.

Auch eine vereinfachte Version von *Stadt-Land-Fluss* eignet sich für Kindergarten- und Vorschulkinder. Dazu wird ein Buchstabe festgelegt, und alle versuchen, sich Tiere, Nahrungsmittel, Kleidungsstücke oder ähnliches mit diesem Anfangsbuchstaben auszudenken.

Beim Spiel *Buchstabenkette* müssen die Kinder sehr genau die einzelnen Laute eines Wortes unterscheiden können. Hier gibt einer der Spielpartner ein Wort vor. Der nächste bildet ein Wort mit dem Endbuchstaben des ersten Wortes und immer so weiter. Dabei kann man sich natürlich auch auf bestimmte Kategorien wie Tiere, Werkzeuge oder Obst und Gemüse beschränken.

Entwicklungsstottern

So etwa um das dritte, vierte Lebensjahr herum, also im frühen Kindergartenalter, beginnen manche Kinder plötzlich zu »stottern«. Sie wiederholen insbesondere Wortanfänge und bringen bisweilen Worte nicht heraus.

Dies ist in den meisten Fällen kein alarmierendes Zeichen. Wenn wir sprechen, kontrollieren wir laufend unsere Sprache selbst. Diese Kontrolle erfolgt bei Kindern vor dem dritten, vierten Lebensjahr zunächst über das Gehör, also dadurch, dass sie sich sozusagen selbst zuhören. Ab dem vierten Lebensjahr etwa übernehmen dann andere Wahrnehmungsorgane die Kontrolle der Sprache.

In der Übergangsphase kommt es bei Kindern dazu, dass beide Kontrollsysteme gleichzeitig verwendet werden, was vorübergehende Kontrollprobleme nach sich zieht. Diese Probleme äußern sich als »Entwicklungsstottern«. Korrigieren Sie Ihr Kind in dieser Phase nicht, und geben Sie ihm keinesfalls Ratschläge wie: beim Sprechen besser aufzupassen, langsam zu sprechen, erst mal tief Luft zu holen oder ähnliches. Solche Tipps können genau das Gegenteil von dem bewirken, was Sie wollen: Ihr Kind versucht, seine Sprache bewusst und gezielt zu kontrollieren, und behält dazu die Kontrolle über das Gehör bei. Da aber die »innere« Kontrolle trotzdem arbeitet, könnte dadurch das Entwicklungsstottern dauerhaft beibehalten werden. Wenn sich das Stottern Ihres Kindes jedoch nicht wieder gibt oder noch verstärkt, könnten auch andere Ursachen vorliegen. Sie sollten dann bald eine Beratungsstelle aufsuchen. Stottern lässt sich psychologisch recht gut behandeln, falls nicht zu lange gewartet wird. Im Jugendlichen- oder Erwachsenenalter dagegen schlagen Therapien oft fehl!

Stottern – nicht immer ein Grund zur Sorge.

Räumliches Denken

*V*erlangen Sie nicht zu viel von Ihrem Kind.

Wichtige Schritte zur Entwicklung des räumlichen Denkens erfolgen erst bei älteren Kindern gegen Ende der Grundschulzeit bzw. bei Jugendlichen. Erst ab diesem Zeitpunkt lässt sich das räumliche Denken in wissenschaftlichen Untersuchungen als eigenständiger Begabungsfaktor nachweisen. Sie können dies beispielsweise daran erkennen, dass Kinder im Vorschulalter in der Regel nur schlecht in der Lage sind, einen Schornstein richtig auf ein Hausdach zu zeichnen. In der Regel werden sie den Schornstein nicht senkrecht in die Höhe, sondern senkrecht vom Hausdach weg einzeichnen. Erst zum Zeitpunkt der Einschulung sind die Kinder in der Lage, die räumliche Schornstein-Perspektive unabhängig vom Hausdach wahrzunehmen und nachzuempfinden. Übrigens müssen die Kinder natürlich *wissen*, dass Schornsteine senkrecht nach oben stehen!

Haus mit Schornstein, gezeichnet von Lena Perleth (5 Jahre, 11 Monate)

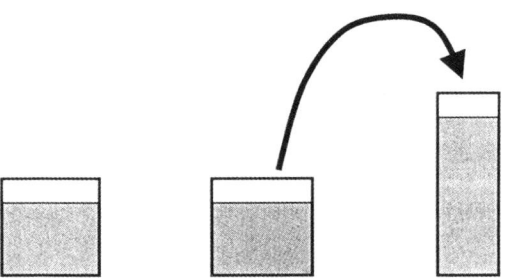

Der Umschüttversuch

Zu großer Bekanntheit ist in der Entwicklungspsychologie der »Umschüttversuch« des Schweizer Psychologen Jean Piaget gelangt. Dieser zeigte den Kindern zwei gleich große, niedrige, breite Gläser, z. B. Honiggläser. Auf Nachfrage gaben die Kinder an, dass beide Gläser gleich viel Flüssigkeit, z. B. Saft enthielten. Dann schüttete er vor den Augen der Kinder die Flüssigkeit aus einem der beiden Gefäße in ein schmales, hohes Trinkglas. Den Kindern war klar, dass nichts zusätzlich hinein geschüttet und auch nichts entnommen wurde. Danach ließ er die Kinder beurteilen, in welchem Glas sich jetzt nach dem Umschütten mehr Flüssigkeit befinde. Die Kinder – dieser Versuch funktioniert auch heute noch! – meinten übereinstimmend, dass das schmale, hohe Glas mehr Flüssigkeit enthalte. Vorschulkinder können also das Volumen gar nicht anhand des Durchmessers und der Höhe abschätzen, sondern orientieren sich grob an nur einem Merkmal, nämlich: wie hoch die Flüssigkeit im Glas steht. Steht sie höher, so befindet sich in ihren Augen eben mehr im Glas, unabhängig von der Form des Glases. Wenn man die Flüssigkeit in das breite, flache Glas zurück schüttet, wird sie in den Augen der Kinder übrigens wieder weniger!

So fördern Sie das räumliche Vorstellungsvermögen.

Viele Aspekte der räumlichen Begabung lassen sich auch im Kindergartenalter fördern. Geben Sie Ihrem Kind die Gelegenheit, sich mit dreidimensionalen Spielzeug wie Bausteinen zu beschäftigen. Auch beim Ballspielen wird die räumliche Orientierung geschult. Lassen Sie es im Sommer mit Wasser und Gefäßen, am besten im Sandkasten, experimentieren. Übrigens eignet sich zum Bauen im Sandkasten Quetschsand am besten, auch wenn er sich schrecklich in Kleidung und Haaren festsetzen kann (im Kieswerk kostet eine komplette Sandkastenfüllung etwa 10–15 DM).

Auch viele weitere Spiele im Freien können das räumliche Denken fördern. Fast alle Kinder bauen nur zu gern im Garten, Park oder Wald Häuschen aus Zweigen und Ästen. Gerade das Spielen im Wald schult auch die räumliche Orientierung, wenn es zum Beispiel darum geht, die »Baustelle« beim nächsten Mal wiederzufinden. Überhaupt können Sie beim Spazierengehen oder bei Besorgungsgängen Ihrem Kind die Führung überlassen.

Zählen und Rechnen

Nur wenige Kinder haben schon ein Zahlverständnis.

Auch wichtige Fertigkeiten im Zahlverständnis und Rechnen bilden sich erst um den Zeitpunkt der Einschulung herum aus. Zwar haben bereits Kleinkinder Vorstellungen von der Größe von Mengen, können also unterscheiden, in welcher Hand mehr Bonbons sind, und Kinder im jüngeren Grundschulalter entwickeln bereits Fertigkeiten im Zählen. Jedoch fehlen auch hier den Kindern bis zum Vorschulalter bzw. bis etwa zur Einschulung wichtige Grundlagen für die Entwicklung des Zahlbegriffs.

Der Perlenversuch

*Lassen Sie uns auch hier die kindliche Denkweise an ei-
nem Experiment des Schweizer Entwicklungspsychologen
Jean Piaget erläutern. Dieser legte Kindern zwei Reihen
mit der gleichen Zahl an Perlen vor, eine Reihe mit
schwarzen und genau darunter eine Reihe mit weißen.
Anschließend fragte er die Kinder, welche Reihe aus mehr
Perlen bestünde. Fast ausnahmslos gaben die Kinder
zunächst an, dass beide Reihen gleich viele Perlen enthielten. Vor den Augen der Kinder legte Piaget dann die Perlen
in einer der beiden Reihen mit größeren Abständen aus.
Die Reihe wurde also in die Länge gezogen, ohne dass Perlen weggenommen oder dazu gelegt wurden. Trotzdem
sind viele Vorschulkinder der Ansicht, dass sich in der nunmehr längeren Reihe mehr Perlen befänden.
Ähnlich wie beim Umschüttversuch (s. S. 55) beurteilen
die Kinder die beiden Mengen anhand eines äußeren Merk-
mals. Kinder, die bereits zählen können (jedenfalls bis zur
Anzahl der Perlen in den Reihen), antworten hingegen
nach dem Umlegen der Perlenreihe bereits häufiger, dass
beide Reihen gleich viele Perlen enthalten.*

Um Ihr Kind beim Erwerb von Zählfertigkeiten und Zahl-
vorstellung zu unterstützen, eignen sich wieder bestimmte
Abzählreime oder Spiele wie *Käsekästchen*, bei dem die Kinder zählend über die Felder hüpfen (wobei gleichzeitig Motorik und Konzentration gefördert werden). Auch Würfelspiele
erfordern und fördern das Erkennen von Zahlen (Punkte auf
dem Würfel) und das Abzählen der Felder beim Weiterrücken
der Figuren. Als Vorstufe hierzu eignen sich Würfelspiele, bei
denen statt eines Zahlenwürfels Farbwürfel verwendet werden. Und schließlich erfordern auch kindgerechte Formen

*Es gibt viele
nützliche Spiele.*

von *Domino*spielen grundlegende Fertigkeiten im Umgang mit Zahlen.

Daneben fördern sich Kinder im Umgang mit Zahlen auch selbst. Zahlen und Mengen spielen eine große Rolle bei allen möglichen Spielen der Kinder. Dies beginnt beim Rollenspiel und endet beim Teilen von Süßigkeiten oder der Frage, wer das größere Eis abbekommen hat. Und auch im Alltag, beispielsweise beim Helfen im Haushalt, werden Sie Ihrem Kind stets Zählkompetenzen abfordern, wenn Sie es beispielsweise bitten, zwei Äpfel aus dem Obstkorb zu holen.

Schlussfolgerndes Denken

Was ist schlussfolgerndes Denken?

Wie bereits auf S. 42/43 erwähnt, sind wir mit Hilfe des schlussfolgernden Denkens in der Lage, Regeln, Zusammenhänge oder Ähnlichkeiten zu erkennen und daraus Schlüsse zu ziehen. Bis in die 60er- und 70er-Jahre hinein gingen viele Forscher davon aus, dass das schlussfolgernde Denken weitgehend angeboren sei. Vor allem in den letzten beiden Jahrzehnten konnte die Begabungsforschung jedoch klar nachweisen, dass gerade das schlussfolgernde Denken recht gut trainiert werden kann. Möglicherweise ist ein guter Teil des weltweiten Anstiegs im schlussfolgernden Denken darauf zurückzuführen, dass Kinder heute zu Hause, im Kindergarten und später in der Schule viel Spiel- und Arbeitsmaterial bekommen, das schlussfolgerndes Denken fördert.

Bereits für die Kleinsten gibt es Spielzeug, mit dem Erkennen und Zuordnen von Formen und Farben geübt wird. Hierzu gehören beispielsweise *Schlüsselhäuser*, *Lastwagen* usw., in deren einzelne Aussparungen Bausteine oder andere Gegenstände mit genau einer bestimmten Form und manchmal auch Farbe passen. Das genaue Hinsehen und Unterscheiden von

Gegenständen anhand kleiner Merkmale oder Details wird aber auch bei vielen anderen Spielen geübt: Hierzu gehören unter anderem die verschiedenen Arten von *Puzzles*, *Kartenspiele* wie *Uno* oder *Quartette*, bei denen die Karten mit Farben und Symbolen gekennzeichnet sind, oder auch viele *Brett- und Würfelspiele.*

Daneben können Sie mit Ihren Kindern aber auch Spiele wie *Ich sehe was, was du nicht siehst* spielen, um die Wahrnehmung und Unterscheidung von Farbnuancen zu schulen. Viele Anregungen, die Sie in den folgenden Kapiteln dieses Buches finden, fördern ebenfalls das schlussfolgernde Denken.

Hier sind die Eltern gefragt: Denken als inneres Sprechen

Die Förderung der sprachlichen Begabung ist bei Kindern vor Schuleintritt besonders bedeutsam für die Entwicklung der intellektuellen Begabung überhaupt. Gerade auf dem Gebiet der sprachlichen Förderung aber können Eltern besonders viel tun.

Denken wird von manchen Wissenschaftlern als inneres Sprechen betrachtet. Damit ist gemeint, dass das gesamte Denken direkt von der Sprachentwicklung anhängt. Demgegenüber wäre die Förderung anderer Bereiche insofern wichtig, als damit wiederum die sprachliche Entwicklung gestärkt wird.

Die Tatsache, dass Denken und Sprache so eng zusammenhängen, können Sie sich für die Denkförderung zunutze machen. Wenn Sie Ihrem Kind etwas Neues vormachen, z. B. beim Malen, Spielen oder Basteln, so können Sie Ihr Tun mit Worten begleiten. Beim Basteln einer Laterne könnte also Folgendes zu hören sein: »… Das Viereck aus Buntpapier soll jetzt über das ausgeschnittene Viereck auf dem Tonpapier geklebt werden. Das mache ich, indem ich vorsichtig eine Kante nach der anderen mit Kleber einstreiche und dann das Buntpapier aufklebe. Dazu nehme ich den Kleber und streiche das Stück Buntpapier an allen Kanten ein. Also zuerst die obere Kante, so, jetzt die linke Kante, mhm, jetzt die untere Kante, gut, und zuletzt die rechte Kante. So. Mal sehen, ist auch überall Kleber hingekommen? Gut. Jetzt können wir das Buntpapier auf das Tonpapier kleben ...«

Diese Sätze beinhalten eine ganze Menge: Zunächst wird die Aufgabe genannt (Problemstellung: Buntpapier aufkleben) und ein Plan entworen (Kanten einstreichen, Papier aufkleben). Dann wird der erste Teil des Plans ausgeführt (Einstreichen der Kanten mit Kleber) und der Erfolg überprüft.

Ziel einer solchen Anleitung ist es, dass Ihr Kind angeregt wird, planvoll zu handeln und die Ausführung des Plans laufend zu überprüfen. Ihr Vorbild soll Ihr Kind anregen, sein Handeln ebenfalls durch solche Kommentare zu begleiten. Damit vermitteln Sie Ihrem Kind wichtige Aspekte günstigen Denk- und Arbeitsverhaltens.

Ermuntern Sie Ihr Kind ruhig zu diesem »lauten Denken«, auch wenn es sein Tun sicher noch nicht so klar und folgerichtig mit Worten begleiten kann wie im Beispiel beschrieben. Achten Sie darauf, dass Sie beim Vormachen Ihren Plan kurz umreißen und Ihr Handeln immer wieder überprüfen und dass Ihr Kind ähnlich vorgeht. Ist Ihr Kind schon im Vorschul- oder Grundschulalter, so wird es mehr und mehr dazu übergehen, das handlungsbegleitende Sprechen als »inneres Sprechen« auszuführen, d. h. es wird nicht mehr laut sprechen. Von einer bewussten Steuerung des Denkens durch inneres Spechen profitieren wir unser Leben lang nicht nur in der Schule und in Prüfungen, sondern in allen Situationen, die neu- oder einzigartige Probleme darstellen

Die künstlerische Begabung

Auch künstlerische Fähigkeiten können durch die Umwelt gefördert werden. Das in die Wiege gelegte Talent ist nur der Anfang.

Wächst ein Kind in einer Umgebung auf, in der »man« sich mit Kunst beschäftigt und in der auch seine eigenen Bilder gewürdigt werden, so wird es sensibler und offener für den künstlerischen Ausdruck. Kunst gehört dann einfach zum Leben dazu, weil sie so ein vertrautes menschliches Ausdrucksmittel geworden ist.

Kinder lernen, wenn sie malen

Kinder haben schon früh Spaß an den »Bildern« und Spuren, die sie z. B. mit dem Spinat auf dem Tisch oder mit der Tomatensauce auf dem gelben Teppich fabrizieren können. Durch den Wunsch der Eltern, diesen kreativen Ausdruck zumindest auf dafür vorgesehenes Papier zu verlagern und auch Kreiden oder Buntstifte dafür zu verwenden, entwickeln viele Vorschulkinder eine große Freude am Bildermalen.

Malen fördert Selbstvertrauen.

Für Kinder sind diese Bilder in mehrerer Hinsicht wichtig. Das Kind lernt, seine Hände und Finger zu schulen, es lernt, nach dem Zeichnen auch genauer zu beobachten, und es schafft sich eine Möglichkeit, sein Inneres ohne Sprache auszudrücken. So befreit sich Ihr Kind von Dingen, die ihm auf der Seele liegen, und lernt nebenbei, seine Wahrnehmung zu schulen. Das Erlebnis, selber etwas schaffen zu können, fördert auch das Selbstvertrauen Ihres Kindes. Schauen Sie die Bilder an und würdigen Sie sie. Damit beweisen Sie Ihrem Kind Ihre Anerkennung und ermutigen es zum kreativen Ausdruck.

Sicher werden Sie jetzt überlegen, wie viel Ihr Kind malt oder ob Sie etwas versäumt haben, wenn Ihr dreijähriges Kind noch nicht gemalt hat. Setzen Sie sich und Ihr Kind nicht unter Druck. Manche Kinder beginnen erst mit vier oder fünf mit dem Malen, und das muss nicht an fehlender Anregung liegen.

Neugier wecken

Wahrscheinlich möchten Sie jetzt wissen, was Sie tun können, um Ihr Kind zum Malen anzuregen. Sie brauchen sich keine Sorgen zu machen, niemand muss selber ein Künstler sein, um die künstlerische Kreativität seines Kindes fördern zu können. Das Wichtigste ist die eigene Einstellung, die Aufmerksamkeit, die man dem Kind schenkt, und das Materialangebot.

Wecken Sie die Neugier Ihres Kindes mit interessanten Anreizen.

Bunte Farben und Papiere haben einen Aufforderungscharakter, sodass das Interesse Ihres Kindes geweckt wird. Für die Kleinsten bieten sich besonders Wachskreiden an, die man am besten in großen Blöcken oder dicken Stiften kauft, damit die Kleinen sie gut in der Hand halten können.

Das Papier oder der Karton sollte so groß wie möglich sein und am besten auf dem Fußboden liegen, damit Ihr Kind sich nicht auf ein verkrampftes Kritzeln auf kleinem Raum beschränken muss. Die Feinmotorik Ihres Kindes ist mit zwei Jahren noch nicht so ausgeprägt, ein kleines Format kann es schlecht einhalten. Mit einem großen Format können Sie vermeiden, dass Ihr Kind den Tisch bemalt und Sie sich anschließend darüber ärgern. Auf diese Weise hat Ihr Kind ausreichend Platz, seine Grobmotorik zu schulen, ohne frustriert zu werden. Am besten kleben Sie das Blatt auf dem Boden fest, oder Sie kleben es auf ein großes Brett. Das Brett können Sie auch an die Wand stellen.

Ermöglichen Sie großzügiges Malen!

Sie können Ihrem Kind auch Fingerfarben geben. Das macht besonders den Eineinhalb- bis Dreijährigen großen Spaß. Allerdings wird sich Ihr Kind bei einer solchen Aktion auch selber mit Farbe beschmieren, genauso wie Gegenstände, die es zwischendurch berührt. Vielleicht können Sie eine solche Aktion im Sommer draußen veranstalten, da kommt es nicht so darauf an, wo die Farbe landet. Achten Sie beim Kauf der Fingerfarben aber auf jeden Fall darauf, dass sie keine gesundheitsschädlichen Stoffe enthalten, weil es gut sein kann, dass Ihr Kind beim eifrigen Arbeiten auch etwas Farbe in den Mund bekommt.

Materialien finden sich überall

Beim Farbenkauf bitte nicht sparen.

Schöne Materialien regen Ihr Kind besonders an. Achten Sie darauf, dass die Farben, die Sie kaufen, schön und kräftig sind. Manche billigen Kreiden geben kaum Farbe ab, sodass es mühsam ist, mit ihnen zu arbeiten, und kein rechter Spaß aufkommt. Ihr Kind kann dann schnell die Lust verlieren. Kaufen Sie lieber weniger Farben einer guten Qualität – Ausprobieren! – als ein Sortiment von Stiften, die nur ganz schwach malen. In vielen Fachgeschäften können Sie einzelne Farben nachkaufen, wenn Ihr Kind einige Farben besonders häufig verwendet.

Aber Materialien müssen nicht immer teuer sein. Viele Materialien gibt es kostenlos. Hierzu braucht man nur ein wenig Fantasie und die Fähigkeit, mit offenen Augen durch die Welt zu laufen.

Für Kinder kann alles zum Gestaltungsmaterial werden.

Alte Plakate können wunderbar als Malgrund dienen. Pappen lassen sich aus alten Kartons zurechtschneiden, die man in jedem Supermarkt bekommt. Auch die Verpackungen vieler Alltagsprodukte sind schön bunt und können gut zum Basteln und Gestalten verwendet werden. Hierbei sind besonders die bunten Glanzfolien der Pralinenverpackungen zu nennen. Aber man kann auch jedes Jahr zu Silvester wunderschöne bunte Plastikspitzen in den Vorgärten oder auf der Straße finden – sie eignen sich wunderbar für Gestaltungen. Versuchen Sie, ein bisschen bewusster die Materialien Ihres täglichen Lebens zu betrachten. Auch kaputte Küchengeräte können wunderbare Ausgangsmaterialien für die kreativen Gestaltungen

Ihres Kindes werden, genauso wie Stoffreste, alte Kleidungsstücke, Wollreste, Tannenzapfen, getrocknete Blätter, Toilet-
tenpapierrollen usw.

Materialien systematisch aufbewahren

Schön ist es, wenn Sie mit Ihrem Kind gemeinsam anfangen,
geeignete Materialien zu sammeln. Wenn Sie genug Platz im
Kinderzimmer haben, können Sie ein kleines Regal mit leeren
Schuhkartons aufstellen, in denen Sie die Sachen, die Sie ge-
sammelt haben, sortieren und aufbewahren können. Da könnte es dann einen Stoffkarton geben, einen für Wolle, einen für
Glanzpapiere, einen für Äste und Tannenzweige, einen für kleine Plastikteile, Überraschungsei-Figuren, kaputte Haushalts-
geräte, einen für Kreiden und Buntstifte usw. Ihrer Fantasie
sind dabei keine Grenzen gesetzt, und Sie werden schnell merken, wie begeistert Ihr Kind für sein »Materiallager« sammeln
wird.

Wenn Sie nicht so viel Platz haben, können Sie auch einen
Pappordner aufstellen, der mehrere kleine Schubladen enthält. Solche Ordner gibts im Papiergeschäft. In diesen Schubladen lassen sich auch etliche Materialien sammeln. Wichtig
ist, dass die Materialien sortiert sind und dass Ihr Kind darüber verfügen kann, wenn es möchte. Es wird für Ihr Kind sehr
anregend sein, mit Ihnen Material zu sammeln und später zu
überlegen, wie man es verwenden kann.

Richten Sie mit Ihrem Kind ein eigenes »Materiallager« ein.

»Was soll ich malen?«

Sicher wird Ihr Kind Sie öfter fragen, was es denn malen soll.
Sie brauchen ihm kein fertiges Thema zu geben, aber nehmen
Sie sich etwas Zeit, um die Fantasie Ihres Kindes anzuregen.
Versuchen Sie, zunächst Erlebnisse Ihres Kindes aufzugreifen,

So regen Sie die kindliche Fantasie an.

die es vor kurzem hatte. *Wie war das gestern, als Ihr euch ein Baumhaus gebaut habt?* oder *Wie war es gestern, als du mit Oma auf der Kirmes gewesen bist?* Eine andere Möglichkeit ist es, Kinder Erlebnisse antizipieren zu lassen, die bevorstehen. *Wie stellst du dir den Zoo vor, in den wir morgen gemeinsam gehen?* oder *Wie wird es wohl morgen auf dem Markt sein, auf den euch die Kindergärtnerinnen mitnehmen?*

Bietet sich ein direkter Realitätsbezug nicht an, so haben Kinder auch keine Schwierigkeiten, utopische Fantasien zu entwickeln. *Stell dir vor wir fliegen ins Schlaraffenland, wie sähe es dort aus?* oder *Wie wäre es wohl, wenn wir plötzlich verzaubert würden und uns aussuchen dürften, wie wir aussehen und was wir dann alles können?* Man könnte ja z. B. einen Rüssel haben und ganz große Augen oder fliegen können oder acht Beine haben und einen Schnabel …

Alltagsthemen aufgreifen.

Eine weitere Möglichkeit besteht darin, Ihrem Kind etwas aus seiner Lebenswelt zu nennen. Beispielsweise können Sie Ihrem Kind vorschlagen, Ihnen einen Brief zu schreiben. Ihr Kind wird dies mit Begeisterung aufgreifen, auch wenn es selber noch gar nicht schreiben kann. Sie können gemeinsam überlegen, was es heute oder gestern alles erlebt hat, woran es sich noch besonders erinnern kann und ob es dies malen und Ihnen so schreiben möchte. Spaßig ist es auch, wenn Ihr Kind den Brief vorliest, den es Ihnen geschrieben hat. Oder Sie fragen es, wie es sich sein ideales Spielzimmer einrichten möchte oder wie eine kinderfreundliche Wohnung oder Stadt aussehen könnte. Versuchen Sie einfach, Ihre Fantasie etwas spielen zu lassen. Sicherlich werden Sie wissen, welche Dinge für Ihr Kind gerade am interessantesten sind.

Sie können Ihr Kind auch zum abstrakten Malen anregen, wenn Sie sagen, dass Sie neue Vorhänge gestalten möchten, aber noch keine Idee für ein Muster haben. Denken Sie daran, dass Ihr Kind sich für vieles begeistern lassen kann, besonders wenn es spürt, dass Sie selber Spaß daran haben, mit Ihrer Fantasie zu spielen.

Märchen und andere Geschichten sind besonders dazu geeignet, die bildlichen Fantasien Ihres Kindes anzuregen. Sie können Ihrem Kind eine Geschichte vorlesen und es dann dazu malen lassen. Oft wird Ihr Kind durch einzelne Aspekte des Märchens besonders angesprochen. Und es wird ihm große Freude bereiten, seine Vorstellungen in einem Bild auszudrücken.

Wenn Ihr Kind schon etwas älter und motorisch geschickter ist, können Sie es dazu anregen, ein Bild aus ausgerissenen bunten Papieren zu kleben oder auch Stoffe und Wollstückchen zu verwenden. Bieten Sie Ihrem Kind, besonders wenn es schon geschickter und erfahrener mit dem schöpferischen Ausdruck ist, mehrere Möglichkeiten an, und lassen Sie es wählen, womit es arbeiten möchte.

Märchen liefern wunderbare Themen.

Malbücher und »perfektes« Spielzeug abschaffen?

Generell sollten Sie Ihrem Kinder möglichst wenig fertige Lösungen anbieten. Malbücher und Schablonen sowie Spielzeug, das vom Kind nicht verändert werden kann, legen die Fantasie Ihres Kindes ein Stück weit auf Eis. Hier ist schon alles »fertig«, und Ihr Kind braucht sich nicht zu bemühen, etwas Eigenes zu erfinden. Aber gerade Unvollständiges, der Mangel an fertigem Spielzeug und vorhandenen Lösungen, wird Ihr Kind zu eigenen, neuen und kreativen Lösungen anregen. Wenn Ihr Kind ein bestimmtes Spielzeug besitzen möchte, können Sie versuchen, den Selbstbau anzuregen. Besonders wenn Sie bei der Gestaltung unterstützend mitwirken, wird es Ihrem Kind Spaß machen, sich selber Spielzeug anzufertigen. So können Weich-

*spülerflaschen zu großen Fischen werden, ein Strumpf zu
einer Handpuppe oder ein altes Kissen zu einem Kuschel-
tier. Ihr Kind wird viele eigene Bastelideen entwickeln,
wenn Sie seinen Einfallsreichtum aufgreifen und fördern.
Dabei wird es auch lernen, dass eine Idee erst wirklich gut
ist, wenn man sie auch realisieren kann.*

*Auf der anderen Seite: Spätestens ab dem Vorschulalter lie-
ben Kinder auch realitätsgetreues Spielzeug. Genauso
macht es ihnen Spaß, Figuren in Malbüchern auszumalen.
Wenn Ihr Kind neben solchen Tätigkeiten auch Spaß am
Basteln und »freien« Malen findet, brauchen Sie nicht zu
befürchten, dass seine Fantasie verkümmert. Selbst ein so
perfektes Spielzeug wie z. B. die Barbiepuppe kann für fan-
tasievolle Rollenspiele verwendet werden (Hochzeit, Familie). Beim Ausmalen in Malbüchern schließlich kann Ihr
Kind lernen, Grenzen exakt einzuhalten, und es schult damit seine Finger- und Handgeschicklichkeit (Feinmotorik).
Das Ausmalen oder auch Selber-Gestalten von Mandalas
kann für Ihr Kind sogar Beruhigung oder auch Trost bedeuten. Gönnen Sie Ihrem Kind dieses Vergnügen, wenn es
sich das wünscht!*

Mandalabild

Gemeinsam malen

Es könnte eine schöne Aktion für Ihr Kind sein, auf einem Großformat ein Bild zu malen, das Sie an der Wand befestigen. Hierbei kann es ausladende schwungvolle Bewegungen machen und den Umgang mit der Farbe genießen. Eine besonders schöne Form ist das Zweihandmalen nach Musik. Verwenden Sie für diese Arbeit nur Wachskreiden, weil es zu kompliziert für Ihr Kind ist, hierbei einen Pinsel zu halten. Schalten Sie eine schöne, rhythmische Musik ein, und lassen Sie Ihr Kind mit beiden Händen gleichzeitig auf dem Papier arbeiten. Dies geht nur im Stehen! Auf diese Weise können Sie auch das rhythmische Körperempfinden Ihres Kindes fördern.

*K*ennen Sie das Zweihandmalen nach Musik?

Nach dem Malen sehen Sie das fertige Bild mit Ihrem Kind zusammen an. Vielleicht entdeckt Ihr Kind dabei Figuren, die es zu neuen Bildern anregen. Eine solche Übung kann dazu beitragen, dass Ihr Kind lockerer wird und vielleicht zu einer freieren Arbeitsweise findet.

Kindern macht es auch viel Spaß, gemeinsam auf einem Blatt Papier zu malen. Für jüngere Kinder spielt die realitätsgerechte Darstellung der natürlichen Welt auf dem Bild meist noch eine untergeordnete Rolle. Es macht ihnen daher auch nichts aus, wenn beispielsweise Häuser nicht auf einer gemeinsamen Standlinie angeordnet sind. Dies erleichtert aber gerade das gemeinsame Malen von Kindern. Die Kinder setzen sich einfach um einen Tisch herum, auf dem ein großer Boden Papier liegt. Als Thema bietet sich etwas an, zu dem es viele Details zu gestalten gibt, z. B. ein großer Zoo oder ein Kirmesplatz oder ein idealer Kinderspielplatz, ein Nachmittag am Baggersee. Diese Themen machen auch älteren Kindern Spaß, sodass auch die großen Geschwister Lust haben, sich zu beteiligen. Um die Kinder anzuregen, können Sie auch gemeinsam überlegen, was es alles zu sehen geben könnte.

*G*emeinsam auf einem Blatt malen – ein spannendes Erlebnis.

Gemeinsames Malen erfordert und fördert soziales Miteinander!

Gemeinsam Malen mit älteren Kindern

Sind die Kinder schon im Schulalter, so werden sie versuchen, gemeinsam eine Raumaufteilung zu planen. Auf diese Weise können die Kinder auch ihre sozialen Kompetenzen erweitern, sie lernen, sich mit anderen abzustimmen, Kompromisse einzugehen, Arbeitsschritte aufzuteilen, Ideen zu koordinieren und eine gemeinsame Gestaltung zu entwickeln. Und sicher werden sie viel Spaß dabei haben. Wenn die Kinder noch sehr klein sind, werden sie einfach drauflos zeichnen und ihre Ideen in erreichbarer Nähe über das Blatt verstreuen. Aber auch hierbei werden die Kinder viel von den anderen lernen und sich mit deren Darstellungen beschäftigen, sodass es eine interessante soziale Erfahrung für die Kleinen wird.

Das gemeinsame Malen gibt den Kindern die Möglichkeit, sich mit anderen, mit deren Absichten, Wünschen, Vorschlägen und Bedürfnissen auseinanderzusetzen. Auf diese Weise regen sich die Kinder gegenseitig an. Selbst Kinder, die sonst schnell mit ihren Bildern fertig sind, weil sie dazu neigen, immer dieselben »Standard«-Bilder zu produzieren, fühlen sich zu Neuem angeregt. Besonders gut gelingen solche gemeinsamen Aktionen, wenn sie in einer freundlichen, warmen und entspannten Atmosphäre erfolgen. Schön ist es, wenn die Kinder sich gegenseitig loben und unterstützen. Ermutigen die Geschickteren die Ungeübteren, so fördert dies den Kontakt der Kinder untereinander und hilft, ihre Fantasie zu beflügeln. Schon das gemeinschaftliche Arbeiten im engen Kontakt mit anderen Kindern ist für die Kleinen anregend und ermutigend. Für viele Kinder ist es inspirierend, wenn sie mit dem Arbeitseifer der anderen in Kontakt kommen.

Gemeinsames Malen schafft Kontakte ...

Dennoch können solche Aktionen auch schwierig und unbefriedigend sein. Wenn nicht genügend Ruhe herrscht, wenn sich ältere Kinder durch das unkontrollierte Malen der Kleineren gestört fühlen, wenn sich ungeübte Kinder überfordert oder sensible Kinder übergangen fühlen, kann aus der gut überlegten gemeinsamen Gestaltung auch ein chaotisch-frustrierendes Erlebnis werden. Versuchen Sie daher zunächst, mit nicht mehr als drei bis vier Kindern, die sich schon gut untereinander kennen und einander mögen, eine solche Aktion durchzuführen. So können Sie und Ihr Kind Erfahrungen sammeln, bevor Sie vielleicht auf dem nächsten Kindergeburtstag zu einer gemeinsamen Farbschlacht einladen.

... braucht aber etwas Vorbereitung.

Plastisch gestalten

Das plastische Gestalten, also das Modellieren von Figuren usw., bietet für Ihr Kind eine Herausforderung, die den ganzen Körper erfassen kann. Als Material eignet sich Ton besonders gut, aber wenn man nur wenig Platz hat und nur kleinere Objekte entstehen lassen möchte, eignen sich auch spezielle Knetmaterialien wie *Fimo*.

Ton, ein Erlebnis mit der ganzen Hand, dem ganzen Körper.

Es ist Krafteinsatz nötig, um einen handhabbaren Klumpen Ton von einem Tonblock abzulösen und ihn zu bearbeiten. Ihr Kind wird bei der Arbeit sein Tastempfinden schulen und seine räumliche Wahrnehmung weiter entwickeln.

Als Arbeitsfläche für den Ton eignet sich Holz besonders gut, weil der Ton darauf nicht klebt. Möchten Sie die entstandenen Produkte aufheben, so können Sie sie an der Luft trocknen lassen. Ungebrannter Ton wird jedoch leicht bröckelig und geht kaputt. Wenn Sie keine Möglichkeit zum Brennen ausfindig machen können, bieten sich Plastiniermassen an, die auch ohne Brennvorgang stabil bleiben. Die trockenen Produkte lassen sich anschließend besonders gut mit Plaka-Farben, aber auch mit normalen Wasserfarben anmalen. Wenn man es mag, kann man die Gegenstände später auch noch lackieren.

Modellieren mit Pappmaché.

Eine andere gute und preisgünstige Möglichkeit für das plastische Gestalten bietet Pappmaché. Mit etwas (Tapeten-) Kleister und klein gerissenem Zeitungspapier können Sie dieses Material schnell mit Ihrem Kind gemeinsam herstellen. Für Ihr Kind wird schon das Herstellen der Pappmaché-Mischung ein Erlebnis sein. Das Kneten des Breis mit der ganzen Hand wird ihm großen Spaß machen! Sie werden sicher etwas Erfahrung brauchen, bis Sie die richtige Mischung von Kleister und Papier gefunden haben. Vielleicht können Sie sich Rat bei Freunden oder Kindergärtnerinnen holen, wenn Sie dieses Material noch nicht kennen. Rühren Sie zunächst nicht zu viel Kleister an, weil man sonst sehr viel Papier benötigt oder der Brei viel zu dünnflüssig wird. Besonders gut eignet sich extra starker Tapetenkleister. Die Verwendung fertiger Papierflocken erleichtert zwar die Herstellung, normales Zeitungspapier tut es aber genauso.

Mit der fertigen Masse kann Ihr Kind Objekte formen, die – je nach Dicke – innerhalb von ein bis zwei Wochen trocknen und dann mit Plakafarben bemalt werden können.

Wandrelief – selbst gemacht!

Eine andere Verarbeitungsmöglichkeit ist die Gestaltung eines Reliefs. Hierzu brauchen Sie eine dicke, feste Pappe, auf der Ihr Kind seine Pappmaché-Gestaltung platzieren kann. Hierbei ist der Vorteil, dass die Objekte durch die Unterlage beim Arbeiten mehr Stabilität bekommen. Nach dem Trocknungsprozess werden die einzelnen Elemente auf der Pappe festsitzen. Das Werk Ihres Kindes kann dann mit Plakafarbe angemalt und an die Wand gehängt werden.

So schulen Sie den Farbensinn Ihres Kindes

Vorschulkinder müssen sich die unterschiedlichen Farben erst noch erobern. Am Anfang versuchen sie, möglichst viele Farben in einem Bild zu benutzen. Durch die Wahl deutlich unterscheidbarer Farben versuchen Kinder, unterschiedlichen Dinge voneinander abzugrenzen. Erst mit der Zeit lernen Kinder, wie man Farben mischen kann und wie viele unterschiedliche Rot-, Gelb-, Blau-, Grüntöne usw. entstehen können.

Es gibt verschiedene Möglichkeiten, Kindern bewusst zu machen, wie viele Farbtöne es gibt und wie man neue Farben mischen kann. Schauen Sie sich um! Wo gibt es – an der Bushaltestelle oder im Wartezimmer des Kinderarztes – überall

Farben sehen will gelernt sein!

Rot oder Blau oder Grün zu sehen, und wie unterscheiden sich diese Farben voneinander? Das gibt es dunklere und hellere, das eine Blau ist rötlich, fast violett, das andere eher grün usw. Sie werden selbst erstaunt sein, wie viele Farbnuancen man unterscheiden kann.

Farben mischen

Zusehen, wie neue Farben entstehen.

Eine andere Möglichkeit ist es, Farbexperimente durchzuführen. Hierzu bietet sich die Arbeit mit flüssiger Wasserfarbe an. Aquarellfarbe ist noch besser geeignet, aber auch erheblich teurer. Bei der Nass-in-nass-Technik wird das Papier mit einem ausgedrückten Schwamm leicht angefeuchtet, damit die Farben später gut verlaufen. Gut ist es auch, wenn Sie das Papier an den Rändern auf der Tischplatte oder auf einem Brett festkleben, damit es sich nicht so sehr wellt. Mit dem Pinsel kann man jetzt kräftige Farbtupfer oder Linien und Formen auf das Papier setzen. Die Farben werden sofort anfangen zu verlaufen, wobei sie auch aufeinanderstoßen werden. An diesen Stellen mischen sich die Farben, sodass neue Farbtöne entstehen. Besonders gut klappt es, wenn man sehr saugfähiges, dickes Büttenpapier verwendet, wie es für die Aquarellmalerei bevorzugt wird. Leider ist dieses Papier sehr teuer.

Ihrem Kind wird es sicher Spaß machen, den Farben zuzusehen, wie sie verlaufen, sich mischen und zu neuen Farben werden. Vielleicht freut es sich auch darüber, wenn es diesen Prozess durch Aufsaugen mit einem Taschentuch oder durch Blasen beeinflussen kann.

Lob und Ermutigung: So sind sie wirksam

Ganz entscheidend für die Förderung des künstlerischen Ausdrucks Ihres Kindes ist es, wie Sie auf seine Bilder und Produkte reagieren.

Sicher werden Sie verstehen, dass es Ihr Kind eher frustriert und hemmt, wenn Sie seine Bilder kritisieren. Aber auch wenn Sie Ihr Kind überschwänglich oder vorschnell loben, kann dies dazu führen, dass Ihr Kind das eigentliche Interesse an seinen Bildern verliert. Viele Erzieher oder Erwachsene haben sich angewöhnt, oft ganz beiläufig *Ach, wie schön* zu sagen, wenn die Kleinen mit ihren Bildern ankommen. Eigentlich sind sie mit anderen Dingen beschäftigt und wollen nur schnell wieder ungestört sein.

Beiläufiges Lob kann Ihr Kind entmutigen.

Ein beiläufiges Lob wird für Ihr Kind mit der Zeit immer wertloser, es fühlt sich nicht wirklich beachtet und kann so auch die Lust am Malen verlieren. Es spürt, dass Ihnen die Bilder nicht wirklich wichtig sind, und wird versuchen, sich mit anderen Dingen zu beschäftigen. Wenn es weiterhin Bilder malt, so wird es vielleicht versuchen, diese schnell hinzuschmieren, um ein Lob zu erhalten. Es wird aber nicht versuchen, sich intensiv mit dem Malen auszudrücken. Es wird genauso beiläufig und flüchtig arbeiten, wie das Lob ist, das es dafür bekommt.

Wenn Sie Ihr Kind fördern möchten, sollten Sie sich darum bemühen, die Bilder Ihres Kindes wirklich anzuschauen. Nehmen Sie sich einen Moment Zeit und betrachten Sie das Bild Ihres Kindes genau. Versuchen Sie, sich in Ihr Kind hineinzuversetzen, es zu verstehen, seinen Ausdruck wirklich wahrzunehmen. Sie brauchen dabei nicht unbedingt viel zu reden. Wenn Sie wirklich keine Zeit haben, sagen Sie dies Ihrem Kind und versichern Sie ihm, dass Sie das Bild später in Ruhe an-

Eine aufmerksame Würdigung seiner Bilder motiviert Ihr Kind.

schauen werden. So vermitteln Sie Ihrem Kind, dass Sie seine Produkte hoch einschätzen und würdigen.

Judith Kerr erzählt in ihrem Buch *Als Hitler das rosa Kaninchen stahl*, wie sie als Kind ihrem Vater, dem berühmten und gefürchteten Kritiker Alfred Kerr, ihren ersten literarischen Versuch vorlegt. Sie …

… zeigte ihm das Gedicht, und er las es zweimal durch und sagte, es sei sehr gut, und er bewunderte auch die Illustration.

So sollte es sein.

Heben Sie die Werke Ihres Kindes gut auf.

Sie können Ihre Wertschätzung dadurch zeigen, dass Sie die Bilder in der Wohnung aufhängen, vielleicht sogar gerahmt, oder in einer Sammelmappe aufbewahren und den Titel und das Datum darauf notieren oder wenn Sie sich beim Malen neben Ihr Kind setzen, Anteil nehmen oder sogar auch selber etwas gestalten.

Für Ihr Kind ist es sehr wichtig, dass Sie auf seine Bilder und Produkte reagieren. Um Anregung und Förderung zu erleben, braucht Ihr Kind eine Reaktion der Umwelt auf seine Äußerungen. Bleibt die Reaktion aus, so wird Ihr Kind seine eigene Tätigkeit als wenig bedeutsam erleben und die Lust verlieren.

Förderung sozialer Kompetenzen

Sozialerziehung ist nicht allein die Erziehung zu sozialer Kompetenz im Umgang mit anderen Menschen. Die andere Seite ist die Entwicklung der Persönlichkeit des Kindes.

Soziale Kompetenz umfasst nicht allein Verhaltensweisen, sondern auch Persönlichkeitsmerkmale: Kinder mit positivem Selbstbild und Selbstkonzept, also Kinder, die sich selbst »gut« finden und ihre Stärken und Schwächen kennen, lernen eher positives soziales Verhalten wie Verträglichkeit und Freundlichkeit. Eine angemessene Selbstbehauptung ist daher ebenso zu fördern wie die Fähigkeit, die Belange der Gemeinschaft zu respektieren.

Mit anderen Worten: Um sich mit anderen identifizieren zu können, muss man die eigene Identität erfahren haben.

Der Umgang mit den anderen und das positive Selbstbild

Soziale Kompetenzen setzen Selbstvertrauen und Selbstbehauptung voraus.

Verwechseln Sie Sozialerziehung nicht mit dem bloßen Vorgeben und Kontrollieren sozialer Regeln. Lassen Sie keinesfalls eine Erziehung nach dem Prinzip *Befehl und Gehorsam* wieder aufleben! Kinder sind durchaus dazu fähig, weitgehend selbstständig moralisches Bewusstsein zu entwickeln, wenn das soziale Umfeld ein solches Bewusstsein vorlebt. In der Sozialerziehung sollten Sie darauf achten, dass Kinder eigene Kräfte mobilisieren, um sich soziale Normen und Regeln anzueignen. Die Fähigkeit, sich in andere Personen hineinzuversetzen, tritt schon im Kindergartenalter auf.

Die Sozialerziehung eines Kindes bedingt sein Sozialverhalten. Eltern, Verwandte, Erzieher, Freunde, aber auch die Medien prägen die Ausbildung von sozialen Kompetenzen der Kinder. Allerdings kann nicht vorausgesetzt werden, dass alle diese Institutionen die gleichen Maßstäbe bei der Sozialerziehung setzen. Vor allem Werbung und Medien, die sich um Kinder und Jugendliche bemühen, um ihnen Dienstleistungen oder Produkte zu verkaufen, wollen Umsatz und Gewinn steigern und haben keine erzieherischen Absichten. Ihre Einflüsse können den Absichten von Eltern und Erziehern, später der Schule eher zuwiderlaufen.

Die Perspektive anderer einnehmen – ein Experiment

Sie können mit einem kleinen Experiment in Anlehnung an Versuche des Salzburger Psychologen Josef Perner überprüfen, ob Ihr Kind in der Lage ist, die Perspektive anderer einzunehmen. Dazu benötigen Sie zwei verschiedenfarbige Häuschen mit abnehmbarem Dach, z. B. aus »Duplo«Steinen, zwei Figürchen zur Darstellung von Mutter und Kind sowie ein Gummibärchen o. ä.

Spielen Sie dann folgende Geschichte. Diese Geschichte können Sie gern nach Belieben ausschmücken, und vor allem sollten Sie sich durch Nachfragen vergewissern, dass Ihr Kind alles verstanden hat.

»Schau, das Kind hat ein Gummibärchen. Es möchte jetzt auf den Spielplatz gehen und versteckt das Gummibärchen in diesem Häuschen« (Gummibärchen so ins Häuschen legen, dass es nicht mehr sichtbar ist). »Jetzt geht das Kind auf den Spielplatz« (Kind wegnehmen). »Es kann die Häuschen nicht mehr sehen«.

»Jetzt räumt die Mutter das Spielzimmer auf. Schau, sie findet das Gummibärchen« (aus dem Häuschen nehmen). »Jetzt ist sie fertig und legt das Gummibärchen in das andere Häuschen« (in anderes Häuschen legen, sodass es nicht mehr sichtbar ist!).

Kontrollfragen: »Wo hat das Kind das Gummibärchen hingelegt? In welchem Häuschen liegt das Gummibärchen jetzt?«

> *»Jetzt kommt das Kind nach Hause. Es will sein Gummibärchen haben. In welchem Häuschen wird es jetzt nachsehen?«*
>
> *Jüngere Kinder werden sofort auf das Häuschen zeigen, in dem das Gummibärchen jetzt liegt. Ältere Kinder, die sich in die Perspektive des Kindes aus der Geschichte hineinversetzen können, werden auf das Häuschen zeigen, in das das Kind das Gummibärchen ursprünglich hineingelegt hat. Etwa ab dem Alter von viereinhalb bis fünf Jahren gelingt es den meisten Kindern, diesen Perspektivenwechsel zu vollziehen und zu verstehen, dass das Kind aus der Geschichte etwas »Falsches« glauben muss.*
>
> *Interessanterweise gelingt Kindern, die jüngere Geschwister haben, dieses Hineinversetzen in andere in einem früheren Alter. Das lässt sich damit erklären, dass von älteren Geschwistern häufiger und früher verlangt wird, sich in das jüngere Geschwisterkind einzufühlen (»Sei nicht böse! Das Kleine wollte dir nicht wehtun, es wollte nur spielen«).*

Soziale Kompetenz und soziales Verhalten

Wozu wollen Sie Ihr Kind erziehen?

Die soziale Erziehung ist die eine Seite – was unter sozialer Kompetenz oder erwünschtem, sozialem Verhalten zu verstehen ist, ist jedoch eine ganz andere Frage. Dass heute nur wenige allgemein verbindliche Standards oder Wertvorstellungen für soziales Verhalten bestehen, wird häufig betont und bedauert. Soll man Kinder zur Rücksichtnahme und zum Mitleid für andere erziehen oder lieber so, dass sie später in der

Lage sind, sich in der Geschäftswelt durchzusetzen und viel Geld, auch zu Lasten anderer, zu verdienen? Welcher Verkäufer nimmt beispielsweise auf die Bedürfnisse von Kunden Rücksicht, indem er einem älteren Ehepaar empfiehlt, den halb so teuren Videorecorder zu kaufen, weil es die vielen technischen Raffinessen des Spitzenmodells sowieso nicht nutzen wird?

Neben dieser Unsicherheit über soziale Erziehungsziele spielen andere Faktoren in diesem Zusammenhang eine Rolle. Heute fallen vor allem für kleinere Kinder immer mehr Gelegenheiten zum Erlernen und Einüben sozialen Verhaltens weg, und mit zunehmender Häufigkeit gibt es Lebensumwelten wie die folgenden: fehlende Erfahrungen mit Geschwistern (bei Einzelkindern) oder Verwandten, Scheidungen, geringer Kontakt zu den Großeltern, wechselnde Betreuung der Kinder bei Berufstätigkeit der Eltern, soziale Isolierung in der Wohnumgebung, fehlende Spielplätze und immer wieder die Konfrontation der Fernsehwelt, die soziales Leben in einer unwirklichen, realitätsfernen Art und Weise darstellt und zudem keine echten sozialen Erfahrungen und kein Ausprobieren von Verhaltensweisen ermöglicht.

Welches Verhalten sollen Kinder unter diesen Umständen entwickeln?

Dennoch müssen und sollten Sie angesichts dieser Beschreibung nicht verzweifeln. Auch im Hinblick auf die soziale Entwicklung Ihres Kindes kommt Ihnen als Eltern ein erheblicher und endscheidender Einfluss zu, den Sie nutzen können und sollten.

Prosoziales Verhalten

Prosoziales Verhalten ist ein Sammelbegriff für die verschiedensten Formen hilfreichen Verhaltens gegenüber anderen Menschen, z. B. materielle oder soziale Unterstützung in Not-

Prosoziales Verhalten bedeutet Eintreten für und Rücksicht auf andere.

situationen, Teilen von Eigentum, Spenden für wohltätige Zwecke, mitmenschliche Anteilnahme, Eintreten für soziale Gerechtigkeit und Altruismus. *Altruismus* bedeutet selbstloses Handeln zugunsten eines anderen Menschen, das ohne die Erwartung einer wie auch immer gearteten Belohnung erfolgt. Prosoziales Verhalten ist eine Grundvoraussetzung für ein solidarisches Staatswesen wie den sozialen Rechtsstaat.

Untersuchungen über die Entwicklung prosozialer Verhaltensweisen zeigen, dass ihre Wurzeln bis in das Säuglingsalter zurück reichen. Viele prosoziale Verhaltensweisen, die Kinder in jungem Alter untereinander manifestieren, sind bereits in den ersten beiden Lebensjahren in der Familie erkennbar: Kinder helfen, soweit sie können, im Haushalt mit; trösten einander und auch ihre Eltern bei Kummer; sie bestrafen diejenigen, die sie für den Verursacher des Kummers halten; sie beschützen und verteidigen andere, warnen vor Gefahr, rufen Erwachsene zur Hilfe oder erkundigen sich nach anderen Kindern, wenn diese krank sind.

Sind Kinder grausam?

Es kommt aber auch sehr häufig vor, dass Kinder über das Leid eines anderen lachen oder sich passiv verhalten. Die Spannweite und Komplexität der sozialen Handlungen ist sehr groß! Insgesamt zeigt die Entwicklung des sozialen Verhaltens im Alter von drei bis sechs Jahren die komplexe Empfänglichkeit der Kinder für die Bedürfnisse und Nöte anderer und ihre individuelle Art, mit solchen Situationen umzugehen.

Ziele durchsetzen, ohne anzuecken

Sozial kompetentes Verhalten setzt eine Person in die Lage, in sozialen Situationen durch angemessenes Handeln die eigenen Ziele durchzusetzen, ohne bei anderen anzuecken. Damit ist also auch die Fähigkeit angesprochen, eigene Rechte und Gefühle gegenüber Mitmenschen angemessen zu formulieren. Dazu gehört auch die Möglichkeit, Nein zu sagen, Wünsche und Forderungen zu äußern, Kontakte zu knüpfen, Gespräche nach eigenen Bedürfnissen zu beginnen und zu beenden oder positive und negative Gefühle zu äußern. Weiter sollte jede sozial kompetente Person:

- den Willen aufbringen, für sich selbst entscheiden zu wollen
- soziale Reize und Signale richtig deuten und die Prinzipien sozialer Steuermechanismen erkennen
- unangenehme, blockierende Gefühle unterbrechen lernen und schließlich abbauen
- wirkungsvolles und zweckmäßig ausgerichtetes Handeln und Verhalten entwickeln
- selbstbehauptendes Verhalten zeigen
- Lob akzeptieren können und Selbstabwertungen vermeiden
- soziale Grenz- beziehungsweise Konfliktsituationen erkennen.

Zu sozial kompetentem Verhalten gehört auch eine vernünftige, angepasste Durchsetzungsfähigkeit. *Erziehung zur sozialen Kompetenz* heißt daher, dass Eltern ihre Kinder bei der Entwicklung von positiven Selbstkonzepten, von Selbstvertrauen und Selbstsicherheit unterstützen. Zudem sollten Kinder frei von sozialen Ängsten sein.

Alarmzeichen

Sozial unsicheres Verhalten ist eine Form unangemessenen Sozialverhaltens, das bei manchen Kindern bereits im Vorschulalter beobachtet werden kann. Sozial unsicheres Verhalten zeigt sich darin, dass der Umgang mit anderen Menschen gemieden oder verweigert wird. Kommt es zu Kontakten, ist eine gewisse Unsicherheit, auch in Mimik und Gestik, zu be-

Sozial unsicheres Verhalten.

*Misserfolge
in Sozialkontakten
führen zu sozial un-
sicherem Verhalten.*

obachten, die Ausdruck von Angst in und vor sozialen Situationen sein können.

Sozial unsicheres Verhalten kann seine Ursache darin haben, dass Sozialkontakte von Misserfolgen begleitet wurden und Unsicherheiten in Bezug auf richtiges Verhalten in sozialen Situationen besteht. Bereits Kinder im Vor- und Grundschulalter können daraufhin Misserfolgserwartungen vor sowie Befangenheit in weiteren sozialen Situationen entwickeln

Im Extremfall sehen die betroffenen Kinder in allen möglichen sozialen Situationen Hinweise, die sie soziale Misserfolge befürchten lassen, wodurch es zur Blockierung in sozialen Situationen und zur sozialen Hilflosigkeit kommen kann. Die betroffenen Kinder vermeiden und verweigern dann alle sozialen Kontakte, sie werden passiv und ziehen sich von anderen Kindern zurück. Manchmal erstreckt sich sozial unsicheres Verhalten auf alle, häufiger aber nur auf bestimmte Situationen wie den Kindergarten, bisweilen sind Ängste an bestimmte Personen, z. B. fremde Erwachsene gebunden.

Problemverhalten und Erziehungsschwierigkeiten

Manche Eltern sind schockiert, wenn sie erstmals auf einem Spielplatz beobachten, wie schon kleine Kinder im Sandkasten sich gegenseitig ärgern, Schaufel und Eimer wegnehmen oder sogar den anderen schlagen. Besonders wenn das eigene Kind solche Verhaltensweisen zeigt, sind Eltern besorgt und sehen eine Verhaltensstörung heraufziehen.

Andere Eltern hingegen scheinen sich um die »Missetaten« ihrer Sprösslinge nicht zu kümmern. Tatenlos sehen sie zu, wie ihre Kinder (oft sind dies Jungen) anderen Kindern Spielzeug wegnehmen oder sich mit Gewalt durchsetzen. *Die müs-*

sen lernen, sich durchzusetzen, sagen solche Eltern dann manchmal, wenn sie von anderen Eltern auf das Verhalten ihrer Kinder angesprochen werden.

Ob ein Verhalten als problematisch bewertet wird, ist also abhängig vom Beobachter. Was für manche Eltern, Erzieher, Lehrer oder anderer Erwachsene eine Erziehungsschwierigkeit darstellt, ist für andere keine. Manche Eltern stört es beispielsweise, wenn ihr Kind immer dann »Krach« macht, wenn sie fernsehen wollen. Andere freuen sich, dass ihr Kind mit Tönen und Geräuschen experimentiert. Wieder andere verstehen den Lärm als Aufforderung des Kindes an die Eltern, sich mit ihm zu beschäftigen. Eine *Erziehungsschwierigkeit* läge nur im erstgenannten Fall vor, weil die Eltern sich durch das Verhalten des Kindes beeinträchtigt fühlen.

*E*rziehungs-
schwierigkeiten
hängen auch vom
Standpunkt der
Eltern ab.

Situationsangemessenes und –unangemessenes Verhalten

Davon abgesehen kann ein und dieselbe Verhaltensweise einmal erwünscht und einmal unerwünscht sein. Wenn ein Kind vor einem fremden Mann, der es anspricht, davonläuft und zu schreien beginnt, so kann das als sozial kompetentes Verhalten gelten. Wenn es dieselbe Verhaltensweise immer bei anderen Kindern oder bei bekannten Erwachsenen wie der Oma zeigt, so könnte dies ein Problemverhalten anzeigen.

Denken Sie daran, dass gerade jüngere Kinder erst lernen müssen, welche Verhaltensweise in welcher Situation angemessen ist und welche nicht. Zudem müssen Kinder auch erst lernen, sich in andere hineinzuversetzen und ihre Wünsche, Absichten und Gefühle zu erkennen. Dabei braucht Ihr Kind aber Ihre Anleitung.

Daher sollten Sie auf der einen Seite nicht erschrecken, wenn Ihr Kind Verhaltensweisen zeigt, die bei Erwachsenen oder auch älteren Kindern tabu sind, wenn es z. B. andere

*K*inder müssen
situationsangemes-
senes Verhalten
nach und nach
lernen.

schlägt, um sich durchzusetzen. Auf der anderen Seite sollten Sie Ihrem Kind aber auch helfen, nach und nach die Verhaltensweisen zu erlernen, die in der Situation angemessen sind. Sie sollten daher schon eingreifen und nicht alle Verhaltensweisen einfach durchgehen lassen.

Beim Streit um den Eimer im Sandkasten könnten Sie beispielsweise einen anderen Eimer nehmen und dazu stellen, sodass jeder der Streithähne mit einem Eimer ausgerüstet werden kann.

Unterstützen Sie Ihr Kind beim Erlernen angemessenen Verhaltens!

Machen Sie nicht den Fehler, mit jüngeren Kindern zu viel »besprechen« zu wollen. Viele Erklärungen, die Erwachsenen ganz einfach erscheinen, sind für Kinder unverständlich. Sie verstehen nur, dass sie etwas »Böses« oder »Falsches« gemacht haben. Versuchen Sie lieber, nach und nach mit sehr viel Geduld durch Anleitung, Vormachen oder Lösungsvorschläge alternatives, situationsgerechtes Verhalten aufzubauen. Dazu gehört letztlich auch, dass Ihr Kind sich gegenüber anderen Kindern auch einmal zur Wehr setzen kann! Besonders wenn Ihr Kind von einem stärkeren angegriffen wird, sollten Sie Ihrem Kind auch beistehen und nicht auf die Selbstregelung unter Kindern vertrauen. Ihr Kind sollte immer das Gefühl haben, sich auf Sie verlassen zu können. Schließlich erwarten Sie ja auch Hilfe von anderen, wenn Sie in der S-Bahn attackiert werden. Dies heißt natürlich nicht, dass Sie ihrem Kind nicht Grenzen aufzeigen sollten, damit es lernt, welche Verhaltensweisen in bestimmten Situationen erlaubt bzw. erwünscht sind und welche nicht. Soziale Kompetenz zeigt sich in einem Verhalten, das einen optimalen Ausgang der Situation ermöglicht.

Verhaltensstörungen

Manchmal zeigen Kinder Verhaltensweisen, die auch im Hinblick auf die spätere Entwicklung problematisch erscheinen. Allerdings ist es bei Vorschulkindern für Laien oft schwer zu unterscheiden, ob eine bestimmte Verhaltensweise so problematisch ist, dass beispielsweise eine Erziehungsberatungsstelle aufgesucht werden müsste, oder nicht. Wenn ein Kind einmal einen Regenwurm zerschneidet, um herauszufinden, wie er innen aussieht und was dann überhaupt passiert, so besteht sicherlich kein Beratungsbedarf. Wenn ein Kind mit fünf oder sechs Jahren jedoch regelmäßig Tiere quält, so liegt möglicherweise eine Verhaltensstörung vor, die psychologischer Betreuung bedarf.

Scheuen Sie sich nicht, sich von kompetenten Personen Rat zu holen, wenn Sie unsicher sind! Alarmzeichen könnten beispielsweise sein: Bettnässen, nachdem das Kind bereits über längere Zeit sauber war; plötzliches Verweigern des Sprechens; regelmäßige Schlafstörungen und Albträume; fehlende Reaktion auf Ansprache usw. Versuchen Sie in solchen Fällen auch nicht, die Probleme mit Hilfe von Freunden oder Ratgeberliteratur zu lösen. Bei manchen Verhaltensstörungen ist Ihr Erziehungseinfluss auch so gering, dass Sie ohne Hilfe von Experten nicht mehr auskommen werden. Es spricht für Ihre elterliche Erziehungskompetenz, wenn Sie rechtzeitig eine Beratungsstelle aufsuchen.

Lassen Sie sich im Zweifelsfall beraten.

> **Ist mein Kind ein Zappelphilipp?**
> *Wenn ein Kind auffallend unruhig und »hibbelig« ist, fürchten viele Eltern, dass sie es mit einem hyperkinetischen Syndrom bzw. einer Hyperaktivitätsstörung bzw. einer Aufmerksamkeitsstörung zu tun haben. Solche Kinder, so kann*

man der Presse entnehmen, können sich in der Schule nicht konzentrieren, bleiben nicht am Platz, fallen ständig auf, verderben es schnell mit ihren Lehrern und Eltern und entwickeln in der Folge sozial abweichendes Verhalten bis hin zur Kriminalität.

*W*ann sollten Eltern handeln?

Diese Befürchtungen sind aber in den seltensten Fällen berechtigt, auch wenn im Schulalter in den vergangenen Jahren immer mehr Kinder wegen Konzentrationsstörungen auffallen.

Worauf sollten Eltern achten?

Ein Hinweis auf eine Konzentrationsstörung liegt dann vor, wenn mehr als acht Punkte der folgenden Verhaltens-Checkliste bei Vorschulkindern (nicht bei jüngeren Kindergartenkindern!) zutreffen:

- *zappelt ständig mit Händen und Füßen*
- *kann nur schwer sitzen bleiben*
- *ist leicht durch äußere Reize ablenkbar*
- *kann beim Spiel (z. B. Würfelspiel) mit anderen nicht warten, bis es dran ist*
- *platzt mit der Antwort heraus, bevor die Frage vollständig gestellt ist*
- *hat Schwierigkeiten, Aufträge vollständig auszuführen*
- *hat Schwierigkeiten, länger aufmerksam zu sein*
- *wechselt ständig die Aktivität*
- *kann kaum ruhig spielen*
- *redet übermäßig viel*
- *unterbricht andere, platzt ins Spiel usw.*
- *scheint häufig nicht zuzuhören*
- *verliert häufig Gegenstände, die für Aufgaben benötigt werden*

- *zeigt gefährliche Aktivitäten, ohne die Folgen zu beachten,*
- *rennt z. B. auf die Straße.*

Wenn Sie – beispielsweise aufgrund der Checkliste – den Verdacht haben, dass Ihr Kind betroffen sein könnte, so zögern Sie nicht, eine Erziehungsberatungsstelle aufzusuchen oder nachzufragen, wo es in Ihrer Region eine spezialisierte Beratungsstelle für solche Fragen gibt. Solche Beratungsstellen sind bisweilen an Kinderkliniken oder kinderpsychiatrische Einrichtungen angegliedert. Es gibt sie aber auch an einigen Universitäten (z. B. die Sonderpädagogische Beratungsstelle des Fachbereichs für Sondererziehung und Rehabilitation an der Universität Dortmund).

So fördern Sie die soziale Kompetenz Ihres Kindes

Das Erleben und Verhalten von Personen wird bedeutsam beeinflusst und ändert sich dadurch, dass sie das Verhalten anderer Menschen wahrnehmen. Kinder übernehmen vor allem das Verhalten, das sie bei ihren Mitmenschen wahrnehmen. Bei jüngeren Kindern haben die Eltern in dieser Hinsicht die größte Bedeutung. Dieses Lernen durch Wahrnehmung oder Nachahmung ermöglicht auch das Lernen von komplexem sozialem Verhalten. Übrigens erfolgt Nachahmungslernen auch dann, wenn das Verhalten anderer Personen nicht direkt beobachtet wird, sondern auch, wenn solche Verhaltensweisen nur erzählt werden.

Durch das Wahrnehmungs- oder Nachahmungslernen werden neue Verhaltensweisen gelernt. Verhaltensweisen, über

Kinder lernen durch Vorbilder.

Eltern sind das wichtigste Modell.

die ein Kind bereits verfügt, können verstärkt oder auch vermindert werden. Für Ihr Kind sind Sie als Eltern Modelle, von dem sich Ihr Kind gezielt Verhaltensweisen abschaut. Generell neigen Menschen dazu, Verhaltensweisen von solchen Personen zu übernehmen, die sie aus den unterschiedlichsten Gründen hoch schätzen. Auch wie Sie als Eltern miteinander und wie sie mit Ihrem Kind umgehen, wird von ihm genauestens registriert und nachgeahmt. Manchmal erkennt man seine eigenen Verhaltensweisen beispielsweise direkt beim Rollenspiel der Kinder (z. B. *Vater-Mutter-Kind*) wieder.

Nachahmungslernen

Das Lernen durch Nachahmung bzw. Lernen an Vorbildern (auch Lernen am Modell) ist eines der wichtigsten Lernprinzipien überhaupt. Es ist wissenschaftlich recht gut nachgewiesen, dass nicht nur Kinder im Kindergartenalter, sondern auch Erwachsene Verhaltensweisen, die sie bei anderen Personen sehen, nachahmen und übernehmen. Lernen am Modell funktioniert besonders gut, wenn die Vorbilder für ihr Verhalten eine Belohnung erhalten oder einen Vorteil ziehen.

In einem mittlerweile klassischen Experiment aus den 60er-Jahren zeigte der amerikanische Psychologe Albert Bandura Kindergartenkindern verschiedene Filmszenen, in denen Kinder aggressive Verhaltensweisen (Schlagen, Anschreien) gegenüber einer Puppe ausführten. Dabei ergab sich, dass die aggressiven Verhaltensweisen vor allem dann nachgeahmt wurden, wenn die Filmkinder für ihr Verhalten eine Belohnung erhielten.

Andere wissenschaftliche Untersuchungen zum Nachahmungslernen drehen sich um die Frage, welche Vorbilder bevorzugt nachgeahmt werden. Wie Sie vielleicht vermuten, sind dies meistens Personen mit hohem Sozialprestige, d. h. mit vielen Möglichkeiten, andere zu belohnen, oder auch mit attraktivem Äußeren. In einer dieser Untersuchungen gingen Passanten dann an einer roten Ampel über die Straße, wenn dies ein gut gekleideter Managertyp vormachte, jedoch nicht, wenn ein Hippietyp dasselbe tat.

Halten Sie sich immer vor Augen, dass Sie für Ihre Kinder stets ein attraktives, mächtiges Modell darstellen. Gerade Kinder bis zum Vorschulalter ahmen ihre Eltern bevorzugt nach! Das gilt für erwünschte wie auch für unerwünschte Verhaltensweisen.

Kinder lernen am Erfolg

Wenn Ihr Kind erkannt hat, dass eine bestimmte Verhaltensweise von Erfolg gekrönt ist, wird es diese Verhaltensweise wieder ausführen. Erfolg kann für Kinder eine materielle Belohnung bedeuten, aber auch ein Lob, die Zuwendung der Eltern, der eigene Stolz, wenn etwas gut gelungen ist. Umgekehrt werden Kinder Verhaltensweisen dann seltener zeigen, wenn sie zu Misserfolgen führen oder die Erwachsenen nicht darauf reagieren. Geben Sie Ihrem Kind deswegen die Möglichkeit, Verhaltensweisen auszuprobieren. Versuchen Sie aber, auf unerwünschte Verhaltensweisen nicht allzu ärgerlich zu reagieren. Zeigen Sie Ihrem Kind soweit wie möglich Alternativen auf.

Erlerntes wird bestätigt und dadurch verstärkt.

Einfühlen lernen

Sie können Ihr Kind auch spielerisch darin unterstützen, sich in andere einzufühlen. Dazu können Sie an Rollenspielen Ihres Kindes teilnehmen oder nach dem Vorlesen von Geschichten darüber sprechen, warum die einzelnen Personen so gehandelt haben, wie es die Geschichte wiedergibt.

Eine lustige Übung ist es auch, Gesichter in Bilderbüchern oder Illustrierten anzusehen und sich gemeinsam zu überlegen, in welcher Stimmung (lustig, glücklich, ärgerlich, traurig, überrascht ...) sich die jeweilige Person befindet. Damit schulen Sie Ihr Kind in der Wahrnehmung der Gefühle und Einstellungen fremder Personen.

Die Gratwanderung zwischen Gewährenlassen und Unterstützen.

Damit Kinder kompetentes Sozialverhalten lernen können, müssen sie auch die Gelegenheit haben, Aufgaben und Probleme selbst zu lösen. Versuchen Sie, nicht immer Ihr Kind zu schützen, auch wenn Ihnen die Gratwanderung zwischen Eingreifen und Gewährenlassen bisweilen sehr schwer fällt. Belohnen Sie Verhaltensweisen, besonders solche, die für Kinder nicht selbstverständlich sind. Erkennen Sie die Bemühungen des Kindes an, und geben Sie frühzeitig Hilfestellung, wenn Ihr Kind eine Aufgabe nicht bewältigen kann.

Kinder müssen sich auf Eltern verlassen können.

Zeigen Sie, soweit es geht, Achtung, Wärme und Anteilnahme Ihren Kindern gegenüber. Verstellen Sie sich aber auch nicht, wenn Ihnen bestimmte Verhaltensweisen nicht gefallen. Versuchen Sie, Ihrem Kind zuzuhören, seine innere Welt zu verstehen, und akzeptieren Sie auch, dass Ihr Kind manchmal andere Ansichten hat als Sie, solange die von Ihnen gesetzten Grenzen nicht überschritten werden. Und setzten Sie die Grenzen nicht zu eng.

Vor allem: Legen Sie Grenzen so fest, wie es für Sie akzeptabel ist, nicht wie es andere, beispielsweise die Großeltern, für richtig halten. Wichtig ist, dass Sie eine zuverlässige und konstante Bezugsperson Ihres Kindes sind, auf die es sich verlassen kann.

Die musikalische Begabung

*In der Wissenschaft ist man sich einig darüber,
dass es bei der musikalischen Begabung eine erb-
liche und eine umweltbedingte Komponente gibt.*

*Besonders die
frühe musikalische
Förderung ist ent-
scheidend.*

Musikalische Begabung lässt sich fördern, aber nicht beliebig ausdehnen. Es wird daher niemals möglich sein, einen neuen Mozart aus einem Kind zu machen, das nur eine mittlere angeborene Fähigkeit mitbringt. Da mag die Förderung auch noch so optimal und intensiv sein.

Es ist für Eltern von entscheidender Bedeutung, über diesen Sachverhalt Bescheid zu wissen. Viele Eltern entwickeln im Hinblick auf die musikalischen Fähigkeiten ihres Kindes einen übergroßen Ehrgeiz, der Eltern und Kinder gleichermaßen unter hohen Erwartungsdruck setzt und schwer belastet. Setzen Sie sich und Ihr Kind nicht unter Druck! Achten Sie unbedingt darauf, dass alle Beteiligten an der musikalischen Förderung (wie an jeder anderen Förderung) stets auch ihre Freude haben!

Anlage und frühe Weichenstellungen

*Keinen falschen
Ehrgeiz entwickeln!*

Die Musikpsychologie geht heute davon aus, dass sich die musikalische Begabung bei Kindern etwa im Alter von neun Jahren *verfestigt*. Bis zu diesem Alter kann also das Leistungspotential eines Kindes durch vielfältige Anregungen auf musikalischem Gebiet erheblich gesteigert werden. Dies bedeutet nicht, dass ältere Kinder in der Musik nichts mehr lernen, sondern dass sie eine bestimmte Leistungshöhe nicht mehr überschreiten werden bzw. dass sich die Unterschiede zwischen den Kindern ab diesem Alter kaum mehr verschieben. Daher sind die frühen musikalischen Erfahrungen für die musikalische Entwicklung der Kinder entscheidend. Je früher diese gemacht werden können, umso mehr werden die Kinder davon profitieren.

Phasen der Entwicklung musikalischer Fähigkeiten

Im Laufe der Entwicklung durchlebt ein Kind mehrere Phasen, in denen es besonders sensibel für den Erwerb einzelner musikalischer Fähigkeiten ist. Ihr Erlernen gelingt in diesen *sensiblen Phasen* bei vielen Kindern verhältnismäßig problemlos. Zur Gestaltung optimaler Lernvoraussetzungen ist es daher notwendig, diese Phasen zu beachten.

In den sensiblen Phasen verläuft das Lernen besonders mühelos.

Die nachstehende Tabelle zeigt auf, in welchem Alter welche Fähigkeiten normalerweise auftreten. Beachten Sie aber dabei, dass diese Angaben nur grob sind und im Einzelfall deutliche Abweichungen auftreten können.

Entwicklungstabelle für die Entwicklung musikalischer Fähigkeiten*

Alter in Jahren	Fähigkeit
0–1	Reaktionen auf Geräusche
1–2	Spontanes Musikmachen
2–3	Anfänge vom Nachmachen der gehörten Liedteile
3–4	Erfassen des Melodieaufbaus, Möglichkeit des Erwerbs des absoluten Gehörs, wenn ein Instrument gelernt wird
4–5	Klangunterscheidung und Nachmachen einfacher Rhythmen
5–6	Verständnis von Laut und Leise, Unterscheidung zwischen Gleich und Unterschiedlich bei einfachen, tonalen und rhythmischen Mustern
6–7	Verbesserte Intonation beim Singen, tonale Musik wird besser aufgenommen als atonale
7–8	Bevorzugung der Konsonanz gegenüber der Dissonanz
8–9	Bessere Bewältigung der rhythmischen Aufgaben
9–10	Rhythmuserkennung verbessert, Melodiegedächtnis verbessert, zweistimmige Melodien werden wahrgenommen, Erkennen der Kadenzen
10–11	Sinn für Harmonien stabilisiert sich, Musikdetails werden besser wahrgenommen
12–17	Steigerung der kognitiven und emotionellen Erfassung von Musik

* Nach: Shuter-Dyson, R. & C. Gabriel, C. (1981). The Psychology of Musical Ability. (übersetzt von Peter Mraz)

95

So fördern Sie Ihr Kind altersgemäß.

Sie werden sich jetzt fragen, was Sie tun können, um Ihr Kind zu fördern, und wie es möglich ist, die bestehenden Entwicklungsphasen zu beachten. Bitte lassen Sie sich durch das wissenschaftliche Phasenmodell nicht einschüchtern und setzen Sie sich nicht unter Druck! Natürlich ist es besonders förderlich, wenn Sie Ihrem Kind Anregungen bieten, die genau zu den Entwicklungsphasen passen. Es ist aber auch überaus anstrengend, immer darauf zu achten. Viel wichtiger ist, dass Sie selber Freude an der Musik erleben und dies auch Ihrem Kind vermitteln. Wenn Sie sich bemühen, öfter gemeinsam mit Ihrem Kind Musik anzuhören oder Musik zu machen, haben Sie schon viel erreicht. Im Folgenden bekommen Sie einige Anregungen, wie Sie Ihr Kind altersgemäß fördern können.

Machen Sie Musik mit Ihrem Baby!

Säuglinge – von der Geburt bis zum Alter von eineinhalb Jahren – drücken ihre Gefühle durch Laute aus.

Von Geburt an benutzt ein Säugling seine Stimme, um sich seinen Eltern mitzuteilen. Mit seinen Lauten, seinem Weinen und Schreien drückt er aus, wie er sich fühlt. Hierbei benutzt jedes Kind seine Stimme in einer ganz persönlichen Weise. Das Baby reagiert auch auf Geräusche der Umwelt – mit vier Monaten versucht es, die Stimme seiner Bezugsperson zu imitieren. Der emotionale Kontakt zwischen dem Säugling und seinen Eltern vollzieht sich über Laute. Das Kind lernt schnell – innerhalb weniger Tage! –, die Stimme seiner Bezugsperson von der anderer Personen zu unterscheiden.

Um Ihr Kind zu stimulieren, versuchen Sie, Ihre Stimme zu variieren. Sprechen Sie abwechslungsreich, singen Sie und wiederholen Sie die Laute Ihres Kindes. Auf diese Weise kommt ein Dialog mit Ihrem Kind zustande. Versuchen Sie, die Tätigkeiten wie Füttern, Wickeln und Baden, mit denen Sie die Grundbedürfnisse Ihres Babys befriedigen, mit Lauten zu begleiten. So vermitteln Sie Ihrem Kind, wie Sie sich fühlen und welche Lautbildungsmöglichkeiten Ihre Stimme hat.

Ihr Kind wird Ihre Gefühle übernehmen. Daher ist die Sicherheit, die es im Kontakt erlebt, entscheidend für seine Möglichkeit zu lernen, dass es Stimmnuancen gibt und wie sie sich voneinander unterscheiden. Begleiten Sie Spiele mit Ihrem Kind immer auch mit Lauten. Versuchen Sie, öfter mal zu singen, wenn Sie mit Ihrem Kind zusammen sind. Hierbei ist es nicht wichtig, ob Sie besonders gut singen können. Hauptsache ist, dass es Ihnen auch Spaß macht. Ihr Kind wird Ihre Stimme hören, und das ist das Entscheidende.

Mit Kleinkindern musizieren

Ihr Kind hat in diesem Alter schon viele Fähigkeiten erworben und kann einzelne Wörter sprechen. Sie sind nun das Vorbild für Ihr Kind und vermitteln ihm, wie Sie mit musikalischen Erfahrungen umgehen. Auf diese Weise entwickeln sich bei Ihrem Kind musikalische Wertvorstellungen, die sich auf die Musikinteressen, die Musikausübung und den Stellenwert der Musik beziehen, den es bei Ihnen wahrnimmt.

Um Ihr Kind zu fördern, können Sie mit ihm gemeinsam singen und dabei neue Lieder erfinden. Versuchen Sie, die Lieder auch durch Bewegungen zu begleiten. Besonders schön ist es, wenn die Texte, die Sie singen, von Ihrem Kind oder seinem Körper erzählen und Sie Ihr Kind so einbeziehen können: *Wo sind deine Hände, kleinen, kleinen Hände? Können die Hände klatschen? Einmal, zweimal, dreimal* usw.

Nutzen Sie das zum gemeinsamen Musikmachen!

Kleine Musikanten

Kleinkinder probieren die unterschiedlichsten Dinge und Instrumente aus, um Laute zu erzeugen. Sie als Eltern werden dies sicherlich öfter als Krach erleben. Versuchen Sie dennoch so oft wie möglich, Ihr Kind für seine »Musik-« oder besser Lautproduktionen zu loben. Das wird sein Selbstvertrauen stärken. Umgekehrt sollten Sie Ihr Kind respektieren und in Ruhe lassen, wenn es keine Musik machen möchte und durch ein Nein seine Selbstständigkeit demonstriert.

Für erste Instrumentalerfahrungen genügen einfache Mittel.

In diesem Alter können Sie auch versuchen, mit Ihrem Kind gemeinsam Musik zu machen. Bauen Sie doch aus Papp- oder Metalldosen einfache Trommeln. Hierzu eignen sich Versandrollen, Waschmittelpappeimer, Plastikputzeimer oder Dosen, über deren Öffnung Sie eine Zellophanfolie ziehen. Mehrere, unterschiedlich lange Papprollen lassen sich dabei zu einem Trommelbündel zusammenbinden. An einer Stuhllehne können Sie mit Bindfäden verschiedene Küchengegenstände (Schöpfkellen, Deckel, Töpfe, Schneebesen etc.) aufhängen, gegen die man mit einem Kochlöffel schlagen kann. Kleine verschließbare Plastikvorratsdosen können – gefüllt mit Reiskörnern oder Erbsen – zu Rasseln unterschiedlicher Klangfarbe werden. Wunderbare Zupfinstrumente basteln Sie, wenn Sie Gummibänder über Pappschachteln spannen. Vielleicht haben Sie oder Ihr Kind noch viele andere Ideen, welche Gegenstände aus Ihrem Haushalt sich zum Musikmachen eignen könnten.

Alle Rhythmus- und Instrumentalspiele eignen sich.

Nehmen Sie sich Zeit, mit Ihrem Kind gemeinsam die hergestellten Instrumente zu erkunden und auszuprobieren, welche unterschiedlichen Laute sich damit produzieren lassen. Spielen Sie selber mit, beispielsweise indem Sie in Dialogform mit Ihrem Kind zusammen zu spielen versuchen. Sie könnten z. B. gemeinsam einen Rhythmus spielen oder abwechselnd Laute machen. Dabei können Sie die Laute auch mit improvisierten Bewegungen verbinden, z. B. mit Hüpfen, Krabbeln, Gehen und Laufen. Solche Tanzspiele machen besonders mit einer kleinen Gruppe von drei bis sechs Kindern viel Spaß.

Musikspiele für jüngere Kindergartenkinder

Im Alter von drei bis vier Jahren bekommt Ihr Kind viele musikalische Anregungen, besonders wenn es den Kindergarten besucht. Sicherlich wird es von dort auch viele Vorschläge mit nach Hause bringen. Diese können Sie aufgreifen und damit weiter experimentieren. Ihr Kind kann mit drei Jahren seine Bewegungen schon viel differenzierter koordinieren. Auch ist es immer mehr in der Lage, sich dem Rhythmus einer Musik anzupassen, sodass sich rhythmische Bewegungsspiele in diesem Alter besonders anbieten. Melodien wird Ihr Kind noch nicht spielen können, aber einen Wechsel des Tempos (langsam oder schnell) oder des Ausdrucks (laut oder leise) kann es bereits erlernen.

Bewegungen zur Musik fördern den Spracherwerb der Drei- bis Vierjährigen.

Es ist in dieser Phase besonders gut, das Singen mit Bewegungen zu verbinden, weil diese den Spracherwerb unterstützen. Sie können sich verschiedene Spiele zur Musik ausdenken. Zum Beispiel können Sie mit Ihrem Kind durch das Zimmer tanzen. Jedesmal wenn Sie kräftig in die Hände klatschen, soll Ihr Kind sich schnell auf den Boden setzen.

Kindersymphonieorchester

Solche Spiele, die eine Verbindung aus Tanzen und Musikmachen beinhalten, können Sie auch mit selbst gebauten Instrumenten durchführen. Experimentieren Sie auf diesem Gebiet immer weiter! Für die jetzt größeren Kinder eignen sich auch etwas kompliziertere Instrumente: Sie können z. B. Gläser mit

Kinder möchten Instrumente erkunden und Klänge erleben.

ungleichen Wassermengen füllen. Mit einem Stift oder Stock angestoßen, geben sie unterschiedliche Laute wie eine Wasserharfe. Pauken können aus zwei Topfdeckeln entstehen, ein altes Waschbrett vom Dachboden und ein Rührlöffel können zu einem Rhythmusinstrument werden. Wenn Sie eine alte Holzkuchenrolle haben, können Sie an die Plastiksaugnäpfe von Handtuchhaltern (Halter vorher entfernen) mit der großen Öffnung nach außen von außen darauf nageln. Wird die Rolle jetzt über Plastik oder Metall gerollt, ergeben sich schmatzende Geräusche.

Mit den selbst gebastelten Instrumenten macht es den Kindern besonders viel Spaß, gemeinsam Geräusche zu erzeugen. Aber erwarten Sie bitte nicht, dass dabei »richtige« Musik entsteht. Ihr Kind ist in diesem Alter noch nicht in der Lage, zusammen mit anderen Instrumenten zu spielen. Es ist viel zu sehr mit seinem Instrument und den Geräuschen beschäftigt, die es selbst produziert. Erst sehr langsam wird es anfangen, sich auf andere Mitspieler zu konzentrieren.

Lieder singen und improvisieren

Jüngere Kindergartenkinder singen gern, am liebsten selbst erfundene Lieder.

In dieser Altersstufe verarbeiten Kinder ihre Eindrücke oftmals mit Hilfe des musikalischen Ausdrucks. Die Formen, mit denen sie dabei ihre Erlebnisse erzählen, ähneln dabei immer mehr Liedern und Melodien. Solche spontanen Liedimprovisationen Ihres Kindes können Sie aufgreifen und unterstützen. Sie können dazu klatschen oder abwechselnd den Fortgang einer Geschichte erfinden.

Sie können daraus auch ein Spiel mit Echogeschichte machen. Ihr Kind erfindet und singt eine Zeile, Sie wiederholen, was es gesungen hat, und danach singen Sie die Zeile noch einmal gemeinsam. Anschließend sind Sie mit dem Erfinden dran, und so weiter. Schön ist es auch, wenn mehrere Kinder beteiligt sind. Hierbei sollten Sie darauf achten, dass die Kinder nicht zu lange Zeilen dichten, damit die anderen Kinder sie auch noch behalten und nachsingen können.

Musizieren mit szenischem Spiel verbinden

Beim szenischen Spiel verknüpfen sich Musik, Geschichte und Bewegungen zu einer Einheit. Lassen Sie Ihr Kind eine kleine Geschichte erfinden. Dann überlegen Sie gemeinsam, welche der Ihnen zur Verfügung stehenden Instrumente und Klänge zu bestimmten Teilen oder Figuren der Geschichte passen könnten. Probieren Sie das auch mit Ihrem Kind aus.

Schließlich kann Ihr Kind dann die Figuren aus seiner Geschichte zu der Musik, die Sie machen, auch spielen. Noch schöner ist es, wenn mehrere Kinder gemeinsam die Musik machen und die kleine Szene spielen können. Ein solches Spiel macht sicher auch etwas älteren Kindern noch Spaß.

Es macht Kindern aber auch großen Spaß, zu Kinderliedern Theater zu spielen. Zu richtigen Hits auf der Geburtstagsfeier können Lieder wie beispielsweise *Dornröschen war ein schönes Kind ...* werden. Hierbei sind zunächst die Rollen zu verteilen. Dornröschen und Prinz werden gewöhnlich von den Geburtstagskindern übernommen, im Gegensatz zur guten Fee ist die Rolle der bösen Fee allerdings manchmal schwer zu besetzen – ältere Kinder erklären sich oft dazu bereit. Besonders interessant ist es, wenn die Kinder sich dazu mit einfachen Mitteln (Tücher, alte Hüte, selbst gebastelte Kronen oder Holzschwerter usw.) verkleiden können. Anschließend stellen sich die Kinder im Kreis auf und singen die einzelnen Liedstrophen. Die jeweiligen Akteure treten aus dem Kreis und spielen ihren Part.

Vorschulkinder können schon zusammenspielen

Ab fünf Jahren können Kinder mit anderen musikalisch zusammenspielen.

Im Alter von fünf bis sechs Jahren wird Ihr Kind Interesse am Reproduzieren von Musik entwickeln, sodass das Improvisieren nicht mehr im Vordergrund seines musikalischen Ausdrucks steht. Sie werden jetzt viel stärker das Gefühl haben, dass Sie mit ihm gemeinsam Musik machen können. Im Singen wird Ihr Kind immer sicherer. Es kann allmählich Melodien oder Melodieteile wiederholen und behalten und wird viel Freude am gemeinsamen Musizieren entwickeln.

> **Erzwingen Sie nicht das Erlernen eines Musikinstruments!**
>
> *Das szenische Spiel zur Musik macht den meisten Kindern in diesem Alter immer noch viel Spaß. Allerdings wird Ihr Kind jetzt möglicherweise Interesse an komplizierteren Begleitungen entwickeln und diese mit Ihnen erarbeiten. Wenn Ihr Kind Interesse dafür zeigt, kann es in diesem Alter auch beginnen, ein Instrument zu erlernen. Hierbei ist jedoch die Freude wichtig, die es daran hat. Zwingen Sie Ihr Kind nicht dazu, wenn es nicht von sich aus ein Interesse daran entwickelt! Viele Musikschulen bieten auch Kurse für Vorschulkinder an, in denen sie Erfahrungen mit unterschiedlichen Instrumenten machen können. So können die Kleinen ganz spielerisch ausprobieren, ob sie sich für ein Instrument interessieren, ohne sich gleich festlegen zu müssen.*

So schulen Sie das Gehör Ihres Kindes

Um die Musikalität Ihres Kindes zu fördern, können Sie auch kleine Wahrnehmungsspiele mit ihm machen. Offene Sinne und bei der Musik ein feines Gehör sind notwendig, um die Sprache der Töne als Ausdrucksmittel für sich zu entdecken. Wie auf S. 12–14 beschrieben, sind manche Merkmale der Wahrnehmung angeboren. Ist Ihr Kind vielleicht mit einem besonders sensiblen Tastsinn ausgestattet? Reagiert es besonders auf Farben und Formen, die es sieht? Oder hat es ein besonders feines Gehör? Vielleicht ist auch keiner der Sinneskanäle auffällig dominant?

Genaues Hören kann man lernen.

103

In jedem Falle brauchen die angeborenen Wahrnehmungs-
möglichkeiten Anregungen durch die Umwelt, damit sie sich
richtig entfalten können. Hier können Sie genaues Hinhören
mit Ihrem Kind spielen. Wenn Sie spazieren gehen, können Sie
einmal stehen bleiben und ganz still sein und horchen, was
Sie alles für unterschiedliche Geräusche wahrnehmen können. Sie werden erstaunt sein, was Ihr Kind dabei alles beobachtet oder besser hört. Wenn es lernt, seine Eindrücke auch
zu benennen, wird es sensibler für solche Wahrnehmungen
werden.

Als Geräuschreporter auf der Pirsch

Hier lernen auch Sie eine Menge dazu.

Wenn Sie über einen Kassettenrecorder mit Mikrofon verfügen, können Sie mit Ihrem Kind auf Geräuschefang gehen. Sie
können z. B. einmal das Mikro aus dem offenen Fenster halten
und eine Minute lang die Geräusche von draußen aufnehmen.
Oder zeichnen Sie für eine Minute lang die Geräusche bei einem Spaziergang im Wald, beim Rundgang auf dem Markt, in
der Einkaufsstraße am Samstagmorgen oder auf dem Sport-
platz usw. auf. Ein solches Spiel wird Ihrem Kind viel Spaß machen, und es wird seine Aufgabe als Geräuschreporter sicher
sehr ernst nehmen. Zu Hause können Sie dann die Geräusche
anhören und gemeinsam überlegen, was da alles zu hören ist.
Sie können auch andere Kinder oder Erwachsene raten lassen, wo welches Geräusch eingefangen wurde.

Musizieren und Malen

Malen kann das Klang-empfinden Ihres Kindes schulen.

Viele Kinder haben Spaß daran, zur Musik zu malen. Spielen
Sie Ihrem Kind Musik vor, und fordern Sie es auf, die Musik zu
malen. Für diese Aufgabe eignen sich besonders gut Farben,
die leicht zu handhaben sind, wie weiche Kreiden oder ein
Stück Kohle (Vorsicht: Alles, was Ihr Kind nebenbei anfasst,
wird schwarz werden!). Wasserfarben sind nicht so geeignet,

weil durch den Pinsel kein direkter Kontakt zum Gemalten besteht.

Ihr Kind wird sich bemühen, typische Klangeigenschaften und -verläufe der Musik zu beobachten und umzusetzen. Am besten verwenden Sie dazu Instrumentalmusik. Sie können ruhig etwas experimentieren und Ihrem Kind ruhige, rhythmische Musik, aber auch Klanggemische zeitgenössischer Künstler vorspielen. Sie werden sich oft wundern, was ihm gefällt und was nicht.

Eine eigene Partitur malen

Falls Ihr Kind schon einige Instrumente kennt und zu unterscheiden vermag und falls es Freude daran hatte, Instrumente herzustellen und auszuprobieren, können Sie mit ihm eine eigene Partitur erarbeiten. Dazu nehmen Sie ein großes Blatt, das Sie entsprechend der Abbildung auf dieser Seite einteilen. In die kleinen Kästchen auf der linken Seite lassen Sie Ihr Kind ein Symbol für jedes Instrument, das es verwenden möchte, eintragen. In die Zeile dahinter kann es dann malen, wie sich das Instrument anhört.

*E*ine Aufgabe für kleine Profis.

Die Klangzeichen der Instrumente sollten dabei für die einzelnen Instrumente unterschiedlich gestaltet sein, damit man sie deutlich voneinander unterscheiden kann. Außerdem sollte versucht werden, mit der Gestaltung der Zeichen die Qualität der Töne wiederzugeben, die mit den Instrumenten produziert werden. Dicke Kreise etwa könnten für die Trommel stehen. Je dicker sie sind, umso lauter soll die Trommel gespielt werden. Für die Triangel könnten kleine Striche stehen usw.

Mit diesem System kann Ihr Kind dann auch eine eigene Partitur schreiben, bei der andere mitspielen können. Vielleicht können Sie hierfür eine kleine Kindergruppe organisieren. Das Kind, das die Partitur geschrieben hat, erklärt den anderen, was die Zeichen bedeuten, und achtet darauf, dass diese sie richtig abspielen.

Die Stimme eines Menschen fühlen

Musik in Bewegung umsetzen.

Um die Sensibilität Ihres Kindes für Klänge und Musik zu erhöhen, können Sie ihm auch zeigen, dass die Laute, die es selber produziert, seinen ganzen Körper erfassen. Dazu setzen Sie sich mit Ihrem Kind auf den Boden. Während Sie einen tiefen Brummton anstimmen, soll sich Ihr Kind hinter Sie stellen und Ihnen die Hände auf den Rücken legen.

Diese Erfahrung können Sie dann nutzen, wenn Sie ihm eine sehr bassbetonte Musik, z. B. Reggae, vorspielen. Wenn Sie die Musik laut einstellen, wird Ihr Kind auch hier die Vibrationen an den Boxen oder auf dem Fußboden, aber auch im eigenen Körper spüren können.

Gemeinsam die Klangwelten erleben

Sie, die Eltern, haben den Schlüssel in der Hand.

Vergessen Sie nicht, dass Ihr Umgang mit musikalischen Erfahrungen Ihr Kind besonders prägt. Kinder registrieren genau, wie wichtig Musik für ihre Eltern ist und wie sie mit Musik umgehen. Wenn Sie gemeinsam mit Ihrem Kind Erfahrungen machen oder auf musikalische Entdeckungsreise durch die Stadt gehen, ist dies für Ihr Kind besonders wertvoll. Dazu brauchen Sie selber keine außergewöhnlichen musikalischen Kenntnisse zu besitzen. Seien Sie einfach offen für die eigenen Sinneseindrücke, und lassen Sie sich gemeinsam mit Ihrem Kind überraschen, was für Geräusche es gibt.

Sportliche und motorische Begabung

Die Bewegung ist das Lebenselement des Kindes.
Indem es sich vielfältig bewegt und im Spiel
betätigt, entdeckt es die Welt, die es umgibt.

Mit Motorik bezeichnet man die Gesamtheit aller Bewegungsmöglichkeiten des Menschen. An praktisch jeder Bewegung sind zwei Muskelgruppen beteiligt. Eine Bewegung entsteht, wenn sich eine der beiden Muskeln oder eine Muskelgruppe zusammenzieht und gleichzeitig die andere erschlafft. Im Oberarm finden sich beispielsweise Muskelgruppen zum Beugen (*Bizeps*) und zum Strecken des Arms (*Trizeps*), die jeweils entgegengesetzt wirken. Die Muskelgruppen und ihre Steuerzentrale, das Nervensystem, sind für die Sicherung von Körperhaltung und -bewegung eines jeden Menschen verantwortlich.

Arten der Motorik

Die Möglichkeiten eines Menschen, sich mit Hilfe seiner unzähligen Muskeln zu bewegen, sind ausgesprochen vielfältig. Deswegen teilt man die Bewegungsmöglichkeiten des Menschen in verschiedene Bereiche ein. Im Folgenden werden wir Sie vor allem in die Bereiche der Ausdrucksmotorik, der Alltagsmotorik sowie der Sportmotorik einführen, die bei Kindern besonders wichtig sind.

Mit Hilfe der Ausdrucksmotorik können sich schon die Kleinsten verständlich machen.

Die *Ausdrucksmotorik* umfasst Gestik, Mimik, Pantomimik und Gebärden. Besonders wichtig ist die Ausdrucksmotorik bei Babys und Kleinkindern, da diese sich noch nicht mit Hilfe der Sprache verständigen können. Dementsprechend verringert sich bei Kindern im Alter von drei bis sechs Jahren die Bedeutung der Ausdrucksmotorik für die Mitteilung von Emotionen wie Freude oder Wut sowie von Bedürfnissen oder Wünschen.

Die *Alltagsmotorik* umfasst alle Bewegungen, die zur Bewältigung des täglichen Lebens notwendig sind, und ist von besonderer Bedeutung für Kinder im Alter von drei bis sechs

Jahren. Die Kinder brauchen diese Motorik, um in ihrer Umwelt Erfahrungen zu sammeln, die für die gesamte Begabungsentwicklung von entscheidender Bedeutung sind. Es geht aber nicht nur um das Sammeln von Erfahrungen, sondern auch darum, überhaupt in der Welt zurechtzukommen und die Anforderungen des täglichen Lebens zu bewältigen.

Unter *Sportmotorik* versteht man alle Bewegungen, die im Zusammenhang mit sportlichen Tätigkeiten ausgeführt werden. Wenn Ihr Kind an einer Minihandballgruppe teilnimmt, werden je nach Geschick der Trainer oder Trainerinnen spielerisch Bewegungsmuster eingeübt, die später beim Handballspiel genutzt werden können. Übrigens kann ein Kind seine Sportmotorik auch zur Bewältigung von Alltagssituationen nutzen: Wenn im Minihandballtraining mit einem Spiel wie *Feuer, Wasser und Sturm* schnelle Reaktion und Spurtvermögen geübt werden, so nützt das auch, wenn es darum geht wegzulaufen, falls man einen Erwachsenen gefoppt hat. Die Bereiche überlappen sich also beträchtlich.

Auch Sportmotorik hilft im Alltag!

Fein- und Grobmotorik

Häufig wird zwischen Fein- und Grobmotorik unterschieden, obwohl die beiden Bereiche ebenfalls nur schwer zu trennen sind. Unter *Feinmotorik* wird dabei eine kleinräumige Bewegung mit geringem Krafteinsatz verstanden. Feinmotorische Bewegungen werden beispielsweise beim Malen und Basteln, später in der Schule vor allem beim Schreiben benötigt.

Die Feinmotorik entwickelt Ihr Kind erst später.

Die *Grobmotorik* erfolgt dagegen eher großräumig und unter Einsatz vieler Muskelgruppen. Bewegungen beim Fahrradfahren oder Schwimmen sind grobmotorische Bewegungen. Die Grobmotorik kommt aber ohne die Feinmotorik nicht aus. Beim Balancieren ist beispielsweise eine exakte feinmotorische Abstimmung der vielen kleinen Muskeln im Fuß erforderlich.

Was ist Sport?

Vielleicht interessiert es Sie, dass das Wort *Sport* aus der lateinischen Sprache kommt und soviel wie *sich zerstreuen* oder *sich vergnügen* bedeutet? Dies scheint im Betrieb vieler Sportvereine etwas verlorengegangen zu sein! Unter *Sport* verstehen wir heute vorwiegend körperliche Bewegungen (motorische Aktivitäten), die in soziale Handlungen eingebettet sind, d. h. für die Regeln abgesprochen bzw. festgelegt sind. Sport zielt meist auf körperliche Leistungen ab, bei denen die Beherrschung der Motorik im Vordergrund steht. Durch Lernen und Einüben sollen diese Fertigkeiten verbessert werden.

Motorik und Sport

Sport und Motorik hängen eng zusammen. Für den Sport ist die Beherrschung von motorischen Abläufen wichtig. Diese Bewegung kann und muss der Mensch erlernen. Kein Mensch, auch kein späterer Spitzensportler kommt mit einem fertigen Bewegungsrepertoire zur Welt!

Mit den Kleinsten Sport zu Hause treiben.

Um mit Ihren Kindern Sport zu treiben, benötigen Sie keine Turnhalle. Auch haben Sie vermutlich genügend Sportgeräte zu Hause. Das wichtigste sind zunächst Sie selbst: Setzen Sie Ihr Kind auf das Knie und lassen es hopsen. Oder setzen Sie es auf Ihren Fuß, halten Sie es an den Händen und heben Sie dann Ihr Bein in die Luft. Solche Übungen stellen möglicherweise auch für Sie ein gutes Training Ihrer Bein-, Bauch- und anderer Teile Ihrer Muskulatur dar! Heben oder werfen Sie Ihr Kind in die Luft, achten Sie aber genau darauf, ob ihm das »Fliegen« Spaß macht und es nicht ängstigt. Ein hervorragendes Turngerät stellt auch ein großes Bett dar, am besten ein breites Ehebett ohne Besucherritze. Ein Bett kann Kinder über die ganze Vorschulzeit hinweg und darüber hinaus als

Trampolin, als Übungsmatte für Purzelbäume usw. dienen. Allerdings sollten Sie hier von Zeit zu Zeit überprüfen, ob Ihr Bett den Belastungen besonders älterer Kinder standhält oder sich etwa Schrauben gelockert haben.

Bewegung: Im Kindesalter fast das Wichtigste

Wahrnehmen und Erkenntnisgewinnung bilden bei Kindern eine untrennbare Einheit mit Bewegungen. Das Kind bewegt sich durch seinen Lebensraum und lernt ihn so kennen. Letztlich ist auch die Entwicklung von Sprache und Denken mit Bewegungsaktionen verknüpft.

Viele elementare Bewegungsabläufe, die ein Erwachsener oder auch schon ein älteres Kind leicht und ohne nachzudenken ausführt, muss sich ein Kind erst mühsam erarbeiten. Es wird sie erst nach einiger Zeit beherrschen. Dabei treten in den ersten beiden Lebensjahren bestimmte Fertigkeiten regelmäßig in einem bestimmten Alter auf. Von den in der Tabelle auf S. 112 angeführten Durchschnittswerten können sich beim einzelnen Kind beträchtliche Abweichungen ergeben, ohne dass dies von vornherein für eine verzögerte oder beschleunigte Entwicklung spricht.

Es gibt Kinder, die niemals krabbeln, sondern auf dem Po rutschen oder auf dem Bäuchlein robben. Es gibt Kinder, die schon stehen, aber nicht sitzen – niemand weiß, ob sie es nicht können oder ob es ihnen einfach nie eingefallen ist. Es gibt Kinder, die mit 10 Monaten laufen, und andere, die mit 16–18 Monaten ihre ersten Schritte tun. Und alles das ist »normal«.

Bewegung	Alter beim ersten Auftreten in Wochen
Kopf heben, auf dem Rücken liegend	15
Knie rutschen	25
kurzzeitig allein sitzen	25
umdrehen	29
allein sitzen	31
krabbeln	37
stehen, an Möbel gestützt	42
gehen mit Unterstützung	45
hochziehen zu aufrechter Position	47
allein stehen	62
allein gehen	64

Geben Sie Ihrem Kind in den ersten Lebensjahren so viel Gelegenheit wie möglich, Erfahrungen mit Bewegungen zu sammeln. Ermöglichen Sie Ihrem Baby freies Krabbeln in der Wohnung. Notfalls können Sie wertvolle Vasen und anderes für eine Zeitlang vom Boden oder der unteren »Etage« Ihrer Wohnung wegräumen. Auch ein Laufstall schränkt die Entfaltungsmöglichkeiten Ihres Kinds in der Regel unnötig ein. Sie sollten aber natürlich Sorge dafür tragen, dass sich innerhalb des Aktionsradius' Ihres Kindes keine Gefahrenstellen (Herd, Treppe etc.) befinden, auch wenn selbst kleine Krabbelkinder sich an solchen Gefahrenpunkten oft erstaunlich umsichtig und sicher verhalten.

Schaffen Sie freie Bewegungsmöglichkeiten für Ihr Kind!

Übrigens brauchen Kinder in der Regel keine Lauflernhilfen oder ähnliches. Im Gegenteil, damit wird die natürliche Entwicklung der Motorik eher behindert.

Fernsehen und Computer: Zwei Bewegungsfeinde

Ein weiteres Problem stellen Fernseher und Computer dar, die häufig schon Vorschulkindern nahezu grenzenlos zur Verfügung stehen. Mehrere Untersuchungen hierzu haben in letzter Zeit alarmierende Ergebnisse gezeigt: Fernsehkonsum und lange Computerspiele führen bereits bei Vorschul-, insbesondere aber auch bei Grundschulkindern zu Bewegungsarmut mit Folgen wie Haltungsschäden und – zusammen mit ungünstiger Ernährung – Übergewicht. Viele Eltern hindern ihre Kinder nicht am übermäßigen Sitzen vor Fernseher und Computer. Solange die Kinder vor den Bildschirmen sitzen, verhalten sie sich nämlich ruhig und stören nicht. Der Bildungswert von Kindersendungen und Computerspielen ist allerdings vielfach gering und trägt meist nicht zur intellektuellen Förderung Ih-

Fast jede andere Beschäftigung fördert Ihr Kind besser!

res Kindes bei. Diese vergeudete Zeit wäre mit aktiver körperlicher Betätigung besser ausgefüllt.

Damit sollen Fernsehen und Computer jedoch keineswegs verteufelt werden. Kindersendungen wie die *Siebenstein, Die Sendung mit der Maus* oder auch die *Teletubbies* für die Kleinsten können ruhig ihren Platz im Wochenprogramm Ihres Kindes haben. Auch gegen die Beschäftigung mit Computerprogrammen guter Qualität (wie beispielsweise die *Fritzi Fisch*-Serie von Ravensburger) ist nichts einzuwenden. Wenn Untersuchungen allerdings ergeben, dass in vielen Familien schon Vorschulkinder täglich zwei Stunden und mehr vor dem Fernsehgerät sitzen, so sollten Sie dies in Ihrer Familie nicht nachahmen!

So entwickelt sich die Motorik Ihres Kindes zwischen drei und sechs

Die Merkmale der Bewegungsausführung ändern sich mit Vollendung des dritten Lebensjahres. Während sich das Kind bis zu diesem Lebensjahr vielfältige Bewegungen aneignet, werden zwischen dem vierten und sechsten/siebten Lebensjahr Bewegungsformen vervollständigt und Bewegungen kombiniert. Bewegungsstärke, Tempo und räumlicher Umfang, aber auch die Präzision der Bewegungen nehmen allerdings zunächst nur langsam zu.

Motorische und geistige (sprachliche) Entwicklung hängen zusammen.

Die Kinder bewältigen diese Veränderungen insbesondere durch Rollenspiele, die ab dem dritten Lebensjahr an Bedeutung gewinnen. Mit ihnen spielen die Kinder ihre Erlebnisse und Erfahrungen nach, indem sie sich beispielsweise mit Themen wie *Mutter und Kind, Einkaufen, Arzt und Patient* oder *Kindergarten* (oder *Schule*, falls ältere Kinder oder Geschwister mitmachen) beschäftigen. Da die motorische Entwicklung in

114

einzelnen Aspekten auch von der sprachlichen abhängt, bedingen sich in diesem Lebensabschnitt geistige und motorische Entwicklung in besonderer Weise.

Bewegungen werden perfekter und vielfältiger

Schneller und grundlegender verändern sich diese Merkmale dann um die Wende vom vierten zum fünften Lebensjahr. Besonders die Ausholbewegungen und der Bewegungsrhythmus, aber auch der Bewegungsfluss entwickeln sich deutlich. Die Bewegungen verlaufen jetzt nicht mehr auf kleinkindliche Art eckig und tapsig. Diese Entwicklungsfortschritte basieren zu einem wesentlichen Teil auf der nunmehr größeren Muskelkraft der Kinder sowie auf Verbesserungen der Koordinationsfähigkeiten.

Die Vervollkommnung der verschiedenen Bewegungsformen äußert sich auch darin, dass einige zu Bewegungskombinationen verbunden werden können. Solche Kombinationen sind

Neue Bewegungsmuster entstehen durch Kombination.

- Gehen verbunden mit Ziehen, Schieben oder Tragen
- Gehen oder Laufen kombiniert mit Prellen, Hochwerfen und Wiederfangen eines Balls
- Gehen, Laufen und Hüpfen im Wechsel
- Gehen und Laufen in Verbindung mit Steigen, Klettern, Balancieren oder Springen sowie teilweise auch Werfen.

So fördern Sie die Beweglichkeit Ihres Kindes

Erfolgt eine motorische (sportliche) Förderung, so erwerben die Kinder zwischen dem fünften bis siebten Lebensjahr bereits Bewegungsformen, die erheblich über die oben genannten hinausgehen. Entsprechende Fördermöglichkeiten stellen

Trainierte Kinder können mehr.

Schwimmen, Rollschuhlaufen oder auch kindgerechtes Geräteturnen dar. Auch beim Spielen mit einem Ball (Fußball, Handball o. ä.) übt Ihr Kind seine Motorik. Fordern Sie es einmal auf, mit dem Ball zu prellen und vor dem Auffangen noch in die Hände zu klatschen. Aber probieren Sie vorher, ob Sie die Übung selbst beherrschen! Trainierte Kinder zeichnen sich vor allem dadurch aus, dass sie vielfältigere Bewegungsformen beherrschen und sich die ersten Bewegungskombinationen früher und besser als andere aneignen.

Aber auch bei Kindern, die kein spezielles Sporttraining erhalten, entwickelten sich im täglichen Spiel oder durch Schulung viele Bewegungsformen. Die Kinder werden beispielsweise beim Klettern immer sicherer und koordinieren ihre Bewegungen immer besser. Überhaupt können Kinder viele Alltagsgegenstände als Sportgerät nutzen. Beispielsweise kann es dem Kind Spaß machen, sich wie ein Affe im Türrahmen hoch zu hangeln. Auch der Bürgersteig wird von Kindern als Sportgerät genutzt: Sofern er mit unterschiedlichen Platten gepflastert ist, versuchen die Kinder nur auf die eine Sorte zu treten und die andere nicht zu berühren. Eine ähnliche Übung können Sie bei Regenwetter auch zu Hause ermöglichen, indem Sie auf dem Boden Zeitungsblätter auslegen. Unsicherheiten zeigen sich allerdings dann, wenn alltagsferne und weniger geübte Bewegungsformen vom Kind gefordert werden.

Wann muss ein Kind Rad fahren können?
Die meisten Kindern lernen etwa im Alter von fünf bis sechs Jahren Rad fahren. Manche Kinder radeln allerdings bereits deutlich früher ohne Stützräder durch die Gegend. Nehmen Sie diese Kinder aber nicht zum Maßstab! Der Psychologe Holger Probst von der Universität Marburg, der ein faszinie-

rendes Buch über das Fahrrad herausgegeben hat, fasst seine und andere Forschungsergebnisse dahingehend zusammen, dass Kinder vor dem fünften Lebensjahr gar nicht zum Radfahren animiert werden sollten, weil der erforderliche Gleichgewichtssinn noch nicht genügend ausgebildet ist. Zudem empfehlen Probst und viele Sportpädagogen, jüngeren Kindern Roller an die Hand zu geben. Der Roller ist ein hervorragendes Sportgerät, mit dem die für das Radfahren erforderlichen Bewegungs- und Gleichgewichtsmuster perfekt eingeübt werden können. Beim Radfahren mit Stützrädern melden Experten hingegen große Vorbehalte an, weil sich die Kinder auf diese Weise leicht falsche Bewegungsmuster, vor allem eine falsche Kurventechnik aneignen, die später mühsam wieder korrigiert werden muss.

Noch ein Tipp: Falls Ihr Kind unbedingt das Radfahren lernen möchte, aber noch Schwierigkeiten mit dem Gleichgewicht hat, montieren Sie die Pedale des Fahrrads ab. Sie bauen damit das Fahrrad zum Laufrad (Draisine) um. Mit dieser Maßnahme konnten selbst ältere Personen oder Kinder und Jugendliche mit Behinderungen das Radfahren lernen, denen das zuvor jahrelang nicht gelungen war.

Bewegung muss sein

Ermöglichen und fördern Sie Bewegungsspiele Ihres Kindes. Gerade dem Vorschulkind muss das mögliche und notwendige Maß an Bewegungsfreiheit gewährt werden. Da die meisten Kinder sich gern bewegen, wird Ihre Rolle dabei häufig sein, entsprechende Möglichkeiten bereitzustellen. Es wäre wünschenswert, wenn im Elternhaus ausreichend Bewegungsraum zur Verfügung stünde. Aber auch auf dem Kinderspielplatz, beim Baden oder Rodeln sollten sich Kinder motorisch ausgiebig und vielseitig betätigen können. Wichtig ist auch

Bewegungsmöglichkeiten der Kinder sind oft eingeschränkt.

117

das Spiel mit anderen Kindern, denn sie vermitteln Anregungen, die Ihr Kind versuchen wird nachzuahmen.

Leider findet sich in der Lebenswelt unserer Kinder immer weniger Gelegenheit für Bewegungsspiele: Das Klettern auf die Bäume des Vorgartens ist verboten, auf Straße und Fußwegen ist Spielen zu gefährlich, Abenteuerspielplätze sind zu selten. Beengte Wohnverhältnisse und Mangel an Spielraum im Freien schränken die Kinder in ihrem Bewegungsdrang ein. Zudem wird der mit Bewegungsaktivitäten meist verbundene Lärm von der Nachbarschaft oft nicht ertragen, was häufig neue Verbote nach sich zieht und die Bewegungsmöglichkeiten des Kindes weiter einschränkt.

Die Risiken wilder Bewegungsspiele werden oft überschätzt.

Bewegungsspiele drei- bis sechsjähriger Kinder sind häufig mit Risiken verbunden. Viele Eltern meiden daher aus Angst diese Bewegungsspiele oder verbieten sie. Diese Eltern übersehen aber, dass die durch Inaktivität bedingte motorische Unterentwicklung letztlich wesentlich mehr Unfallmöglichkeiten nach sich zieht als vermeintlich riskantes Bewegungsspiel.

Sportvereine bieten Alternativen

Prüfen Sie die Trainingsmöglichkeiten!

Wenn Ihr Kind in einer Umgebung aufwachsen muss, in der Bewegungsmöglichkeiten sehr stark eingeschränkt sind, bieten Sportvereine möglicherweise gute Angebote. Achten Sie aber darauf, dass diese speziell auf Vorschulkinder und deren Bewegungsbedürfnisse abgestimmt sind. Fragen Sie nach der Ausbildung der Trainer und den Zielen des Trainings. In Kindereinrichtungen und Sportgruppen wird dem Bewegungsdrang eines Kindes in der Regel gut Rechnung getragen. Hier werden Bewegungskombinationen geübt, und es finden kleine Wettkämpfe und als Höhepunkt Sportfeste oder Turniere statt, wo die Teilnahme, nicht der Sieg, durch eine »Urkunde« oder kleine Geschenke honoriert wird.

Vielleicht können Sie auch bei der Wahl des Urlaubsziels darauf achten, dass Ihr Kind vielfältige Möglichkeiten für motorische Aktivitäten hat. Besonders viel Spaß macht Kindern nach wie vor ein Urlaub auf dem Bauernhof, wo sie in der Scheune stöbern und klettern oder im nahen Wald herumstrolchen können. Viele Betriebe stellen für ihre Gastkinder entsprechende Möglichkeiten gezielt bereit, z. B. Strohballen zum gefahrlosen Herumtollen und Klettern.

Übungen, die Spaß machen

Wir möchten diese Kapitel mit einigen Übungsanregungen schließen, die Sie ohne großen Aufwand mit Ihrem Kind durchführen können. Sie sollten aber nicht anfangen, täglich systematisch zu üben. So erzeugen Sie nur Langeweile bei Ihrem Kind. Sie können auf solche und auch ähnliche Übungen, die Sie selbst erfinden können, beispielsweise zurückgreifen, wenn Ihrem Kind langweilig ist. Üben Sie auch nicht zu lange, vor allem bei jüngeren Kindern. Eine Viertelstunde genügt! Und setzen Sie Ihr Kind nie unter Leistungsdruck.

Zur Übung der Feinmotorik können Sie Ihrem Kind ab einem Alter von etwa drei Jahren ein Stück Zeitungspapier geben. Mit einer Hand (der Arm ist ausgestreckt) soll das Kind das Papier zerknüllen. Die Übung kann/sollte mit beiden Armen ausgeführt werden. Mit Kindern im Alter von vier bis fünf Jahren können Sie üben, einen Knoten beispielsweise als Halsband für ein Plüschtier zu binden. Mit sechs Jahren sollte dann an der Schleife geübt werden. Zum Training der Feinmotorik des Fußes (Gleichgewicht) können Sie mit Ihrem Kind eine Scheibe auf einem Strich vorwärts schieben. Ziehen Sie dazu mit Kreide eine 1,5 m bis 2 m lange gerade Linie auf den Fußboden. Das Kind soll eine Scheibe (Untertasse) mit dem

So lange und so viel, wie das Kind Lust hat.

Übungen zur Feinmotorik von Händen und Füßen.

*Ü*bungen zur
Handgeschicklich-
keit.

Fuß die Linie entlang schieben. Den Fuß darf es sich dabei aussuchen. Es wird den geschickteren Fuß wählen.

Zur Übung der Handgeschicklichkeit kann Ihr Kind Geldstücke oder Knöpfe, die Sie in einer Reihe im Abstand von etwa 2 cm auf den Tisch legen, auflesen und in eine Dose legen. Vermutlich wird Ihr Kind die Aufgabe mit seiner geschickteren Hand bearbeiten, lassen Sie es die Übung aber auch einmal mit der anderen Hand probieren. Sie können die Münzen auch unter anderen Gegenständen (Legosteine, Steine etc.) heraussuchen lassen. Eine andere Übung könnte darin bestehen, dass Sie Ihr Kind auf einem großen Bogen Papier, das auf dem Boden liegen kann, eine mehr oder weniger verschlungene Linie nachzeichnen lassen.

*Ü*bungen zur
grobmotorischen
Koordination.

Lassen Sie Ihr Kind auf der Stelle oder über eine kurze Strecke auf einem Bein hüpfen. Ungefähr 20 Hüpfer genügen dabei pro Bein! Auch das bei vielen Kindern beliebte Verkleiden kann besonders bei jüngeren (weniger bei älteren) Kindern eine gute Übung der grobmotorischen Koordination sein. Balancierübungen (z. B. auf einem Seil, das auf dem Boden liegt) machen Kindern ebenfalls großen Spaß. Wie richtige Seiltänzer können sie dabei Kunststücke vollführen wie: in die Hocke gehen, auf einem Bein stehen, in die Hände klatschen, einen »Balancierstab« in der Hand oder einen Ball über dem Kopf tragen (letzteres ist sehr schwierig!). Sehr schwer wird Ihrem Kind wegen der hohen Anforderungen an die Gleichgewichtsreaktion auch das Balancieren rückwärts fallen. Vielleicht erstmal ohne Seil kann Ihr Kind versuchen, eine gefaltete Zeitung beim Gehen (auch über Hindernisse!) auf dem Kopf zu balancieren.

Wissen über die Welt vermitteln

Der Erwerb von Wissen steht mit der Entwicklung von Begabung in engem Zusammenhang.

Begabung und Wissen

Manche Forscher wie der Psychologe Anders Ericsson vertreten hartnäckig die Ansicht, dass es überhaupt keinen Sinn habe, von Begabung zu sprechen. Alle Leistungen, auch internationale Spitzenleistungen und Geniestreiche, beruhten nach ihrer Ansicht auf Erfahrungen, jahrelanger Übung und erworbenem Wissen. Wichtig für Hochleistungen seien eventuell Persönlichkeitsmerkmale wie das Durchhaltevermögen, nicht aber (angeborene) Begabungen.

Begabung braucht Wissen, Begabung schafft Wissen.

Auch wenn diese Extremposition nur von einigen Begabungsforschern geteilt wird, so ist doch unumstritten, dass für spätere Leistungen Ihres Kindes nicht nur Begabungen in verschiedenen Bereichen entscheidend sind. Praktisch alle Forscher halten die Vermittlung eines vielfältigen Wissens über verschiedene Lebensbereiche für genauso wichtig wie die Begabungsförderung. Begabung braucht Inhalte, also Wissen, um sich zu zeigen und um sich zu entwickeln. Begabung auf der anderen Seite hilft, Wissen zu erwerben.

Handlungswissen vermitteln: Was ist das?

Im Idealfall gelingt es Ihnen, Wissen bei Ihrem Kind als *Handlungswissen* zu verankern. Handlungswissen ist Wissen, das durch eigene Aktivität direkt aufgebaut wird. Handlungswissen wird also nicht theoretisch durch abstrakte Erklärungen erworben, sondern dadurch, dass man etwas tut.

In allen Kapiteln dieses Buches haben wir uns bemüht, Ihnen möglichst handlungsorientierte Vorschläge zur Begabungsförderung Ihres Kindes zu machen, indem wir viele gemeinsame Aktivitäten und Erfahrungen anregten.

Solches Handlungswissen ist optimal nutzbar und am besten in der Lebenswelt des Kindes verankert. Nehmen wir an, Ihr vier- oder fünfjähriges Kind fragt, wie Butter und Käse gemacht werden. Wenn Sie nun erzählen, dass Butter entsteht, wenn man Sahne lange genug schlägt, so ist das eine recht vernünftige Erklärung. Eher weniger wird ein Kind in der Regel damit anfangen können, wenn ihm gesagt wird, dass Käse durch Beigabe von Enzymen aus Milch gewonnen wird. Dies dürfte schon ein etwas *träges Wissen* sein. Es ist aber gar nicht so schwer, Wissen über die Herstellung von Butter und Käse als Handlungswissen in der Lebenswelt des Kindes zu verankern: Stellen Sie statt einer komplizierten, für Ihr Kind möglicherweise schlecht verständlichen Antwort einfach mit Ihrem Kind Butter und Käse selber her!

Wissen in der Lebenswelt verankern.

Zum Beispiel selber Käse machen

Die Herstellung von Butter ist ganz einfach: Butter entsteht, wenn Sie Sahne lange genug mit einem Handmixer schlagen. Lassen Sie dabei Ihr Kind so lange selber rühren, wie es möchte! Schlagen Sie unbeeindruckt weiter, wenn sich Schlagsahne bildet. Nach einiger Zeit wird die Schlagsahne klumpen, und am Quirl werden sich Butterflocken sammeln. Die Flüssigkeit, die dabei abgeschieden wird, ist Buttermilch, die man trinken kann.

Käse lässt sich sehr leicht aus Vorzugsmilch (Bauernmilch) herstellen. Das Ganze funktioniert in ausreichendem Maße auch mit pasteurisierter Vollmilch, notfalls auch mit H-Milch (vorher ausprobieren). Erhitzen Sie in jedem Fall einen Liter Milch bis knapp unter den Siedepunkt, und halten Sie diese Temperatur für ein paar Minuten (dies macht die Milch keimfrei!). Vielleicht möchte Ihr Kind dabei ja rühren? Lassen Sie

So kann Ihr Kind Käse produzieren.

dann Ihr Kind den Saft einer Zitrone unterheben. Die Milch flockt aus, Zitronenmolke setzt sich ab. Geben Sie das Ganze in einen Durchschlag, den Sie mit einem Küchentuch ausgekleidet haben. Lassen Sie die Zitronenmolke abtropfen, sie kann später gut gekühlt getrunken werden.

Drücken Sie mit Ihrem Kind jetzt die Käseflocken im Küchentuch leicht aus und salzen Sie die Masse. Das Produkt schmeckt jetzt wie Hütten- oder Frischkäse. Drücken Sie die Flocken gut aus, wickeln Sie sie fest in das Tuch und lassen Sie

das Päckchen einige Stunden beschwert stehen. Sie können z. B. einen Topf mit Wasser draufstellen. So erhalten Sie und Ihr Kind ca. 200 g schnittfesten Käse.

Geben Sie am nächsten Tag Ihrem Kind die selbstgemachte Butter und den Käse in den Kindergarten mit. Sicher wird es stolz erzählen, wie es die Nahrungsmittel selbst hergestellt hat.

Vielleicht möchte Ihr Kind auch ein paar Freunde zum Probieren einladen? Veranstalten Sie eine spontane Butter-und-

Käse-Party! Passende Getränke, Buttermilch und Zitronenmolke, stehen ja schon im Kühlschrank!

Vielfältige
Wirkung.

Damit haben Sie Folgendes erreicht: Ihr Kind weiß nicht
nur, wie Butter und Käse hergestellt werden, es hat es auch
selbst getan. Es hat kein *träges Wissen* erworben, sondern
Handlungswissen. Indem Ihr Kind die selbstgemachten Produkte vorzeigen und andere probieren lassen kann, haben Sie
dieses Wissen in der Lebenswelt des Kindes gut verankert.
Zusätzlich wird dadurch das Interesse des Kindes für natur-
kundliches Wissen gestärkt. Das Kind erfährt, dass man etwas
davon hat und dass es Spaß macht, wenn man etwas weiß
oder kann. Außerdem wird es stolz auf sich sein, was sein
Selbstbewusstsein stärkt.

Sicherlich konnten wir Ihnen im Rahmen unseres Büchleins
nur ein kleines Beispiel für die Vermittlung handlungsorien-
tierten Wissens geben. Dies wird Ihnen vermutlich als Anregung nicht ausreichen. Fragen Sie daher in Ihrer Buchhandlung nach: Es gibt ein gutes Angebot an Experimentier-,
Bastel- und Kochbüchern für Kinder, denen Sie viele weitere
Anregungen entnehmen können!

Lassen Sie Ihr Kind an Alltag und Hobby teilnehmen!

Generell lieben es Kinder, mit Eltern oder anderen Erwachsenen etwas zusammen machen zu dürfen. Geben Sie Ihrem
Kind so oft wie möglich die Gelegenheit dazu, auch wenn so
manches dann sehr viel länger dauern wird! Eine der besten
Möglichkeiten, Ihren Kindern lebensnahes und nutzbares
Wissen zu vermitteln, nehmen Sie wahr, indem Sie es frühzeitig an Ihren alltäglichen Arbeiten und Hobbys teilnehmen
lassen.

Leider ist es für viele berufstätige Eltern kaum möglich, ihre Kinder einmal mit an den Arbeitsplatz zu nehmen. Wenn Sie die Möglichkeit dazu haben, sollten Sie diese aber unbedingt nutzen! Versuchen Sie, Ihrem Kind wenigstens einmal zu zeigen, wo Sie arbeiten, wie Sie mit öffentlichen Verkehrsmitteln oder Auto hinkommen, wie Ihr Arbeitplatz aussieht usw. Vielleicht ist es auch möglich, dass Sie zusammen mit Ihrem Kind die Kantine besuchen? Eine gute Möglichkeit könnte auch sein, dass Ihr Partner oder Ihre Partnerin Sie mit Ihrem Kind besucht. Sorgen Sie aber dafür, dass keine Langeweile aufkommen kann, indem Ihr Kind beispielsweise etwas zum Spielen mitnimmt (Püppchen oder Spielfiguren, Bilderbücher, Stifte und Papier etc.).

Zeigen Sie Ihrem Kind Ihren Arbeitsplatz!

Hobbys gemeinsam erleben

Einfacher wird es vermutlich sein, Ihr Kind an Ihren Hobbys teilhaben zu lassen. Wenn Sie beispielsweise in Ihrer Freizeit Sport treiben, können Sie Ihr Kind ins Training oder zu einem Spiel mitnehmen. Natürlich ist es günstig, wenn Ihr Partner auch mitkommt, damit Sie sich auch auf Ihren Sport konzentrieren können. Versuchen Sie aber, sich in den Pausen Ihrem Kind zu widmen, oder reservieren Sie sich vor oder nach dem Training oder Spiel Zeit für Ihr Kind. Möglicherweise wird es vieles zu fragen haben. Seien Sie aber auch nicht enttäuscht, wenn es so schnell wie möglich wieder nach Hause möchte. Vermeiden Sie in jedem Fall, Ihr Kind mit zu vielen neuen Eindrücken zu überfordern.

Beteiligen Sie Ihr Kind an Ihren Hobbys!

Insbesondere künstlerische und musikalische Hobbys bieten viele Möglichkeiten, Kinder mit einzubeziehen. Wenn Sie etwa Seidenmalerei betreiben, Teppiche knüpfen oder in einem Chor singen, können Sie Ihr Kind leicht an Ihren Aktivitäten teilhaben lassen. Geben Sie ihm auch etwas Material oder Farbe, damit es sein eigenes Kunstwerk anfertigen kann. Oder

üben Sie mit ihm zusammen Ihre Chorstimme. Davon abgesehen, dass Sie damit die künstlerische und musikalische Begabung Ihres Kindes fördern (s. auch S. 93–106), wird Ihr Kind viel über Materialien und dafür geeignete Farben lernen, es wird wissen, dass ein Chor aus vielen Personen besteht, was ein Dirigent ist und viele Dinge mehr.

Für die Kinder ist es, und die Väter spielen damit ...

Ein Hobby, dem sich so manche Väter widmen und das gut mit Kindern ausgeübt werden kann, ist die Modelleisenbahn. Nicht nur Jungen macht Eisenbahnspielen Spaß! Auch Mäd-

128

chen macht es viel Freude, Lokomotiven oder Züge im Kreis herum fahren zu lassen! Väter sollten aber das gemeinsame Spiel so einrichten, dass Kinder aktiv mitspielen können und nicht nur zuschauen dürfen. Selbstverständlich sollten Väter nicht ihre teuersten Sammlerstücke den Kindern in die Hände geben. Für Kinder ist es auch nicht so wichtig wie für viele Väter, wie genau ein Modell dem Vorbild entspricht. Entsprechend kann man auch aus allen möglichen Materialien (Papp-schachteln, Holzklötzen, Plastikresten etc.) Berge, Tunnel und Häuser basteln. Das alles gilt für Kinder bis weit in das Grund-schulalter hinein.

Am Anfang eignen sich hierfür zunächst Holzeisenbahnen (*Brio*, *Eichhörnchen* u. ä.), die man auch auf Flohmärkten gün-stig erstehen kann. Für ältere Vorschulkinder gibt es auch passende, batteriebetriebene Lokomotiven, die selbst fahren können. Der Vorteil der Holzeisenbahnen ist, dass schon die Kleinen sehr leicht auch ohne Hilfe durch Erwachsene Gleise legen können. Bei echten elektrischen Eisenbahnen, die mit Trafo und stromführenden Schienen betrieben werden, ist das sehr viel schwieriger. Erst Kinder gegen Ende der Vor-schulzeit kommen mit solchen Systemen zurecht. Beachten Sie dabei, dass Kinder sich gern neue Arrangements schaffen und ihre »Eisenbahnanlagen« umbauen. Deswegen haben *Lego*- oder *Playmobil*-Eisenbahnen immer noch einen höheren Spielwert als »richtige« Modelleisenbahnen. Wichtig ist auf je-den Fall, dass die Väter sich auf ihre Kinder einlassen und sich beim Spielen eher zurücknehmen. Väter sollten sich bemühen, den Kindern die Führung beim Eisenbahnspielen zu überlassen: Die Kinder sollten bestimmen, welcher Zug wohin fährt, sollten ihn beladen und steuern dürfen, die Väter sollten die Kinder einfach unterstützen, indem sie beispiels-weise die Weichen stellen.

Väter sollten ihren Kindern die Führung beim Spielen überlassen.

> **Väter, die ersten Lehrer ihrer Kinder**
> *Der amerikanische Psychologe Michael J. A. Howe ist der Frage nachgegangen, warum so viele amerikanische Nobelpreisträger jüdischer Abstammung sind. Mit Hilfe von Interviews und Vergleichen mit anderen Bevölkerungsgruppen fand Howe ein wesentliches Merkmal jüdischer Familien heraus: Die Väter sehen sich als »erste Lehrer ihrer Kinder«. Das heißt, dass sich die Väter im Vergleich mit anderen Bevölkerungsgruppen schon in frühester Kindheit intensiv mit ihren Kindern beschäftigen und versuchen, ihren Kindern die Welt zu erklären. Damit verbunden ist, dass in jüdischen Familien Sprache, Diskutieren und Bücher eine wesentlich größere Rolle spielen. Die jüdische Kultur in Amerika scheint – entgegen dem allgemeinen Trend auch im deutschsprachigen Raum – eher die Freude an Büchern und Wissen zu betonen und weniger beispielsweise das Engagement im Sport. Ob diese Befunde auf deutsche Verhältnisse übertragbar sind, sei dahingestellt. Auf jeden Fall zeigen sie aber, welche wichtige Rolle den Vätern für die Begabungs- und Leistungsentwicklung ihrer Kinder zukommt, und zwar schon für die der jüngsten.*

Gemeinsam Museen besuchen

Wetten, dass Ihr Kind gern ins Museum geht?

Besuchen Sie mit Ihrem Kind Museen aller Art, nehmen Sie sich aber keinesfalls vor, dort ein bestimmtes Programm zu »schaffen«. Wecken Sie das Interesse Ihres Kindes dadurch, dass sie sich zurückhalten, das Kind aus dem Angebot im Museum auswählen lassen und geduldig seine Fragen beantworten. Dies wird für Sie manchmal überraschend schwierig, manchmal aber auch überraschend einfach sein! Wichtig ist, dass Sie im Museum zwar den Raum wählen, Ihr Kind aber dann die Führung übernehmen lassen. Übrigens gibt es gerade Naturkundemuseen, die ihr Angebot oder Teile davon speziell auf Kinder zugeschnitten haben. Zu diesen Museen zählt beispielsweise das hervorragende Naturkundemuseen *Phänomenta* in Flensburg oder auch einzelne Abteilungen des *Deutschen Museums* in München.

Lassen Sie sich aber auch nicht davon abhalten, Museen mit klassischer oder moderner Kunst mit Ihren Kindern zu besuchen. Gerade mit moderner Kunst wie beispielsweise abstrakter Malerei können Vorschulkinder oft mehr anfangen als so mancher Erwachsene. Aber auch hier gilt: Lassen Sie Ihr Kind die Dinge wahrnehmen und sprechen Sie mit ihm darüber. Vermeiden Sie es auf jeden Fall, Ihrem Kind die Interpretationen der Kunstkritik vermitteln zu wollen!

Gerade im Urlaub können Sie Regentage für den Besuch von Museen nutzen. Fragen Sie in Ihrer Buchhandlung nach Reiseführern, die besonders Familienurlaub mit Kindern behandeln, oder besorgen Sie sich entsprechende Touristeninformationen. In Schleswig-Holstein bekommen alle Kinder beispielsweise ein Scheckheft, das zum einen über viele interessante Museen und Freizeitmöglichkeiten informiert und zum anderen zum verbilligten Eintritt berechtigt. Sehen wir uns nur ein paar Ziele in Schleswig-Holstein und Mecklenburg-Vorpommern an, die Kindern Spaß machen und gleichzeitig neues Wissen vermitteln können: Seehundstation Friedrichskoog, Wattführungen für Kinder (fast überall im Bereich des Wattenmeeres), Fahrten mit dem Fischkutter (Hafenstädte), Dithmarscher Landesmuseum in Meldorf, Nissenhaus in Husum, Naturzentrum Bredstedt, Phänomenta in Flensburg, Landesmuseum in Schleswig, Wikingermuseum Haithabu (bei Schleswig), Bauernhofmuseum Molfsee (bei Kiel), Schifffahrtmuseum in Kiel. In Mecklenburg-Vorpommern kommen u. a. in Frage: Dampfeisenbahn *Molli* in Bad

Kindgerechte Urlaubsplanung.

Doberan (ganzjährig, Führerstandmitfahrten möglich), Schifffahrtmuseum und Traditionsschiff Rostock, Zoo Rostock, Vogelpark Marlow, Naturpflegehof Dishley (z. B. Spinnen von Wolle), Landschulmuseum Klockenhagen (Schulklasse um die Jahrhundertwende), Slavenburg bei Schwerin (mit der Möglichkeit, eine Zeit lang als »Slave«zu leben), Segelfahrten auf dem Darß (Born, Wustrow), Dampfeisenbahn *Rasender Roland* (Rügen). Und wer keine Lust auf Museen hat oder müde vom Ansehen ist, findet im Land bei schönem und schlechtem Wetter weitere attraktive Aktivitäten wie Baden, Buddeln, Reiten, Spaßbäder und vieles mehr.

So ergänzen Sie lebendig das Schulwissens

Träges Wissen vermeiden!

Sie sollten nie versuchen, Ihrem Kind unterschiedlichstes Wissen mit Gewalt beizubringen. Der Psychologe Alexander Renkl von der Universität Freiburg warnt geradezu davor, Kindern und Jugendlichen Wissen ungefragt einfach »einzubläuen«. Davon abgesehen, dass man den Kindern auf diese Weise die Freude am Lernen dauerhaft nehmen kann, vermittelt man damit *träges Wissen*. Das ist Wissen, das für Kinder (und Erwachsene!) keinen Bezug zu ihren alltäglichen Erfahrungen hat und das sie nicht nutzen können. Kurz: Träges Wissen belastet den Kopf, und man kann nichts damit anfangen.

Wissen, das Sie Ihrem Kind vermitteln, sollte also lebensnah sein. Es sollte Wissen sein, mit dem Ihr Kind in seiner Welt etwas anfangen kann. Nehmen Sie sich für Ihr Kind nicht fremde oder ältere Kinder oder gar Erwachsene zum Maßstab! Es ist wichtig, dass Sie auf die Interessen Ihres Kindes eingehen und ihm Wissen vermitteln, das von ihm auch genutzt werden kann. So ein Nutzen kann natürlich auch darin bestehen, dass Ihrem Kind ein Sachverhalt klarer wird, dass also eines der »Rätsel« seiner Umwelt gelöst wird.

Kinder wollen viel wissen

Hervorragende Anknüpfungspunkte zur Vermittlung lebensnahen Wissens haben Sie so gut wie täglich, nämlich wenn Ihr Kind Fragen stellt. Wenn Sie Fragen Ihres Kindes bereitwillig beantworten, so stellen Sie sicher, dass Sie solches Wissen vermitteln, das Ihr Kind gerade interessiert und das dann auch in seiner Lebenswelt verankert ist.

Nehmen Sie die Fragen Ihres Kindes stets ernst und versuchen Sie, sie so gut wie möglich zu beantworten. Dabei kommt es nicht darauf an, dass Ihre Antworten sozusagen wissenschaftlich exakt ausfallen. Wenn Sie Ihrem drei- oder vierjährigen Kind etwas erklären, ist es am wichtigsten, dass Ihre Erklärung kindgerecht, also für Ihre Kind verständlich ist. Wenn Ihr Kind beispielsweise wissen möchte, wieso der Hefeteig aufgeht, so sollten Sie nicht von Bakterien sprechen, die Zucker aufnehmen und Kohlendioxid abgeben. Zeigen Sie Ihrem Kind die Hefe, lassen Sie es diese in den Teig schütten, auch wenn etwas daneben geht. Erklären Sie, dass da winzige Tierchen drin sind, die vom Teig naschen, dann pupsen müssen und den Teig so aufblasen.

Nehmen Sie die Fragen Ihres Kindes ernst!

Die Möglichkeiten, Kindern *handlungsrelevantes Wissen* (s. S. 122) zu vermitteln, sind groß, wie schon unsere beispielhaften Anregungen zeigen. Leider müsste man aber eine ganze Menge dessen, was Ihr Kind später in der Schule lernen wird, als *träges Wissen* (s. S. 123) bezeichnen!

Allerdings profitieren Kinder, die in der Vorschulzeit bereits breites, gut verankertes und nutzbares Wissen erworben haben, auch später vom Schulunterricht mehr. Das neue Schulwissen kann nämlich besser in das bereits vorhandene Wissen eingebaut werden, was der Trägheit des Schulwissens

Wissen so weit wie möglich handlungsrelevant vermitteln.

dann entgegenwirkt. Die Beschäftigung mit Ihrem Kind und Ihre Anstrengungen, ihm die Welt oder wenigstens Ausschnitte davon zu erklären, werden Ihrem Kind später sicher von großem Nutzen sein.

Schluss: Die umfassende Förderung

In diesem Buch haben wir versucht, Ihnen Möglichkeiten aufzuzeigen, wie Sie die Begabungen Ihres Kindes mit einfachen Mitteln fördern können.

Begabungs- und Interessenschwerpunkte herausfinden

Wir haben in diesem Buch ein breites Spektrum von Möglichkeiten der Begabungsförderung in den unterschiedlichsten Begabungsbereichen dargestellt. Nutzen Sie die ersten Lebensjahre Ihres Kindes, um herauszufinden, wo seine Stärken und Schwächen liegen. Kein Kind ist in allen Bereichen gleich begabt. Und kein Kind ist völlig unbegabt! Lassen Sie Ihrem Kind Zeit, seine Interessen und Begabungen zu entwickeln. Kinder brauchen Erwachsene, die ihnen zuverlässig zur Verfügung stehen und die sie begleiten beim Entdecken der Welt und beim Sammeln von Erfahrungen.

Begabungstests von Experten durchführen lassen!

Allerdings sollten Sie nicht den Ehrgeiz entwickeln, alle Vorschläge dieses Buches umzusetzen. Greifen Sie diejenigen Ideen auf, die Ihnen gefallen und die Ihnen selbst Spaß machen werden. Finden Sie zusammen mit Ihrem Kind heraus, was Ihr Kind und Sie am meisten interessiert und wo Sie Ihre Begabungsschwerpunkte haben.

Wir haben in diesem Buch bewusst darauf verzichtet, Ihnen Begabungstests an die Hand zu geben. Stattdessen möchten wir, dass Sie herausfinden, was Ihnen und Ihrem Kind Spaß macht. In vielen Fällen werden das ungefähr die Begabungsschwerpunkte von Ihnen und Ihrem Kind sein. Falls Sie genauer über die Begabungsschwerpunkte Ihres Kindes Bescheid wissen wollen, sollten Sie sich an eine Beratungsstelle mit entsprechenden Experten wenden. Im Kindergarten oder in der Schule Ihres Kindes hilft man Ihnen bei der Suche.

Keine Scheu vor Beratungsstellen!

Auch wenn Sie sich Sorgen über bestimmte Aspekte der Entwicklung Ihres Kindes machen, sollten Sie eine geeignete Beratungsstelle aufsuchen. In den meisten Fällen werden die Berater und Beraterinnen Sie beruhigen können, bisweilen könnte aber auch ein echtes Entwicklungsproblem vorliegen.

Die Berater werden versuchen, anhand einer sorgfältigen Diagnose das Problem abzuklären und eventuell Fördervorschläge zu machen oder spezialisierte Beratungsstellen empfehlen. Besonders in solchen Fällen sollten Sie sich nicht auf eine Selbstbehandlung anhand von Ratgeberliteratur verlassen! Bedenken Sie, dass viele Entwicklungsprobleme durch eine frühzeitige Behandlung gut gelöst werden können. Verpasst man jedoch den richtigen Zeitpunkt, bleiben die Probleme vielleicht dauerhaft bestehen.

Greifen Sie Aktivitäten und Interessen Ihres Kindes auf

Kinder tragen oft Ideen an ihre Eltern oder Bezugspersonen heran. Greifen Sie diese auf! Verstärken Sie die Aktivitäten Ihres Kindes, indem Sie es dafür loben oder selbst mitmachen. Basteln, spielen, musizieren, malen, turnen Sie möglichst viel zusammen mit Ihrem Kind. Je mehr Sie sich auf die spezielle Weltsicht Ihres Kindes einlassen, desto mehr Spaß macht das.

Natürlich können und sollen Sie Ihrem Kind auch Anregungen geben. Dazu haben wir dieses Buch ja geschrieben. Dennoch kann ein schmaler Ratgeber sicher nicht ausreichend Stoff für mehrere Jahre liefern. Holen Sie sich deswegen weitere Anregungen. Erkundigen Sie sich, ob es in Ihrem Stadtteil oder Ihrer Gemeinde *Eltern-Kind-Gruppen* gibt. Diese sind meist eingerichtet für Mütter oder Väter mit Kindern im Alter bis zu zwei oder drei Jahren. Dort können Sie sich, in der Regel unter der Leitung einer erfahrenen Mutter oder sogar Pädagogin, mit den anderen Müttern austauschen und viele Anregungen erhalten. Falls Ihr Kind eine Kinderkrippe, einen Kinderhort oder den Kindergarten besucht, so sollten Sie versuchen, die Elternabende – soweit angeboten – zu besuchen oder wenigstens regelmäßig mit den Erziehern und Erzieherinnen über die Entwicklung Ihres Kindes zu sprechen.

Suchen Sie Austausch mit anderen Eltern und Erziehern Ihres Kindes.

137

Kinder sollten den Kindergarten besuchen.

Etwa ab einem Alter von drei Jahren sollte Ihr Kind einen *Kindergarten* besuchen. Die Kindergärten sind heute nicht allein dazu da, die Eltern zu entlasten und ihnen ein paar Stunden zur freien Verfügung zu geben.

Der Kindergarten ist der Ort, in dem Ihr Kind lernt, sich in Gruppen einzufügen und mit anderen Kindern sozial kompetent umzugehen.

Wenn Sie zwischen verschiedenen Kindergärten wählen können, so informieren Sie sich vor der Anmeldung über Tagesabläufe und Arbeitsweise des Personals. Bei der Auswahl sollten Sie ruhig mit einbeziehen, wie Ihnen die Räume gefallen und wie sympathisch Ihnen die Erzieherinnen und Erzieher sind.

Allround-Förderung durch Spiele: Kinder zeigen uns den Weg

Im Kindergartenalter wird Ihr Kind sehr viele Anregungen mit nach Hause bringen.

Vielleicht findet Ihr Kind beispielsweise Spaß an Klatschspielen bzw. Klatschreimgeschichten wie der folgenden:

Bei Müllers hat's gebrannt, -brannt, -brannt.
Da bin ich schnell gerannt, -rannt, -rannt.
Da war ein Apfelbaum, -baum, -baum.
Da wollt ich Äpfel klau'n, klau'n, klau'n.
Da kam ein Polizist, -zist, -zist.
Der schrieb mich auf die List', List', List'.
Die List' fiel in den Dreck, Dreck, Dreck.
Da war mein Name weg, weg, weg.

138

Dazu stellen sich je zwei Kinder gegenüber und klatschen bei jeder Zeile silbenweise folgendermaßen in die Hände[1]:

Klatschen	rechts	links	klatschen	klatschen	beide	beide	beide
Bei	Mül-	lers	hat's	ge-	-brannt,	-brannt,	-brannt

Man kann mit Fug und Recht sagen, dass diese Klatschspiele, die bei Kindern in allen Erdteilen und Kulturen verbreitet sind, eine umfassende Begabungsförderung darstellen:

- Durch das Erlernen des Reims werden sprachliche und intellektuelle Begabung gefördert.
- Das Aufsagen in Versform fördert das Rhythmusgefühl und damit die musikalische Begabung.
- Die Koordination der Bewegungen fördert eine Reihe von motorischen Fertigkeiten.
- Die Abstimmung mit einem Gegenüber erfordert und fördert soziale Kompetenzen.
- Mit anderen Worten: Kinder können ihre Begabungen auch selbst fördern, und sie machen vor, wie man das am besten macht: Mit viel Spaß an der Sache.

---

1 Klatschen = in die Hände klatschen
rechts = mit der rechten Hand die rechte Hand des Gegenübers klatschen
links = mit der linken Hand die linke Hand des Gegenübers klatschen
beide = mit beiden Händen beide Hände des Gegenübers klatschen

Anhang

Literatur

Hellbrügge, Theodor, Wimpffen, J. H. v. (1976). *Die ersten 365 Tage im Leben eines Kindes. Die Entwicklung des Säuglings.* München: Droemer Knaur

Kiphard, Ernst J. (1996). *Wie weit ist mein Kind entwickelt? Eine Anleitung zur Entwicklungsüberprüfung.* Dortmund: Verlag modernes lernen. (Empfehlenswert vor allem für Eltern behinderter Kinder!)

Kiphard, Ernst J. (1996). *Unser Kind ist ungeschickt. Hilfen für das bewegungsauffällige Kind.* München: Ernst Reinhardt Verlag

Köckenberger, Helmut (1999). *Kinder müssen sich bewegen.* Berlin: Urania-Ravensburger

Mehringer, Andreas (1987). *Eine kleine Heilpädagogik. Vom Umgang mit schwierigen Kindern.* München: Ernst Reinhardt Verlag.

Mönks, Franz J. & Ypenburg, Irene H. (1998). *Unser Kind ist hochbegabt. Ein Leitfaden für Eltern und Lehrer.* München: Ernst Reinhardt Verlag

Müller, Theresa (2000). *Ist unser Kind hoch begabt?* Berlin: Urania-Ravensburger

Neuhaus, Cordula (6. Aufl. 1999). *Das hyperaktive Kind und seine Probleme.* Berlin: Urania-Ravensburger

Pauli, S., Andrea Kisch (8. Aufl. 1999): *Was ist los mit meinem Kind? Bewegungsauffälligkeiten bei Kindern.* Berlin: Urania-Ravensburger

Weyhreter, Helmut (1999). *Konzentrationsschwäche.* Berlin: Urania-Ravensburger

Glossar/Register

Aktivationsniveau: Siehe Seiten 13 und 15.

Ammensprache: Siehe Seiten 31 und 44 f.

Angeborene Merkmale: Siehe Seite 11–16, 18 f., 21, 58, 93 f., 103, 122.

Aufmerksamkeitsprobleme: Siehe Seite 87–89.

Baby-Sprache: Siehe Seiten 31 und 44 f.

Begabung: Emotionale Begabung/Intelligenz: Siehe Seite 10, 34–37.

    Künstlerische Begabung: Siehe Seite 61–76.

    Logische Begabung: Siehe Seite 10, 42, 38.

    Mathematische Begabung: Siehe Seite 10, 42, 56.

    Motorische Begabung: Siehe Seite 10, 14.

    Musikalische Begabung: Siehe Seite 10, 93–95.

    Räumliche Begabung: Siehe Seite 10, 42, 54.

    Sprachliche Begabung: Siehe Seite 10, 42–44.

    Soziale Begabung: Siehe Seite 11, 78.

Begabungstest: Siehe Seite 136.

Bewegungsauffällige Kinder: Kinder mit grob- und feinmotorischen Störungen. Zur Förderung der Motorik siehe Seite 115–120. Literaturhinweis: Kiphard, Pauli/Kisch, s. S. 143.

Computer: Siehe Seite 12–14, 113 f.

Edukinesiologie: Derzeit aktuelle Theorie und Behandlungsmethode zu Lernstörungen, die auf einer Theorie der Zusammenarbeit der Gehirnhälften beruht. Um diese Zusammenarbeit in Gang zu setzen, werden verschiedene motorische Übungen vorgeschlagen, bei denen es immer um die Überkreuzung der Körpermittellinie geht. Die gehirnpsychologischen Grundlagen der Edukinesiologie entsprechen jedoch nicht dem aktuellen wissenschaftlichen Forschungsstand. Nachweise der spezifischen Effektivität der Methode fehlen in der Forschungsliteratur, auch wenn viele Kinder positiv darauf zu reagieren scheinen.

Empathie, Einfühlen: Siehe Seiten 35–37, 91 f.

Entwicklungsstottern: Siehe Seite 53.

Entwicklungstabelle: Enthält Informationen, welcher Entwicklungsstand in welchem Alter von den meisten Kindern erreicht wird.

Zur musikalischen Entwicklung: Seite 95. Zur motorischen Entwicklung: Seite 111. Literaturhinweis: Hellbrügge, Kiphardt, s. S. 143.

Erziehungsberatungsstelle: Dort finden Sie Ansprechpartner für viele Fragen im Zusammenhang mit der Entwicklung Ihres Kindes. Fragen Sie im Kindergarten oder in der Schule nach.

Erziehungsschwierigkeiten: Siehe Seiten 84–86.

Expertise, Expertiseforschung: Forschungsrichtung in der Psychologie, deren Vertreter meinen, ein hohes Leistungsniveau (z. B. in Schach, Sport, Musik) sei allein duch jahrelangen hohen Einsatz erreichbar, unabhängig von der Begabung. Siehe Seite 122.

Feinmotorik: Siehe Seite 68, 109, 119.

Fernsehen: Siehe Seite 113 f.

Gedächtniseffizienz: Siehe Seite 12.

Gedächtniskapazität: Siehe Seite 13.

Gehirnentwicklung: Siehe Seite 32.

Geschlechtsunterschiede: Siehe Seite 14–16.

Grobmotorik: Siehe Seite 109, 120.

Habituation: Siehe Seite 14.

Händigkeit: Die meisten Menschen sind Rechtshänder. Linkshänder sind aber genauso geschickt und intelligent! Keinesfalls sollten linkshändige Kinder auf rechts umgewöhnt werden!

Hochbegabung: Kinder mit überdurchschnittlicher Intelligenz oder überdurchschnittlicher Begabung auf anderen Gebieten (z. B. Musik, Malen). Hochbegabte benötigen wegen ihres Entwicklungsvorsprungs, aber auch dem Auseinanderklaffen ihrer (Spezial-) Begabung und ihrer Persönlichkeitsentwicklung oft gezielte Unterstützung und Förderung. Literaturhinweis Mönks/Ypenburg, Müller, s. S. 143. Das Bundesministerium für Bildung und Forschung (BMBF) gibt eine sehr gute Broschüre zur Hochbegabung heraus (BMBF – Referat Öffentlichkeitsarbeit, 53170 Bonn; Internet: http://www.bmbf.de).

Hyperaktivität, hyperkinetisches Syndrom: Siehe Stichworte Aufmerksamkeitsprobleme und Verhaltensauffällige Kinder.

Intelligenz: Fähigkeit, neuartige Probleme lösen zu können. Siehe Seite 9–23.

Kindergarten: Siehe Seite 46, 138.

Konzentration: Siehe Seite 33.

Lernen am Erfolg: Siehe Seite 91.

Linkshändigkeit: Siehe Stichwort Händigkeit.

Loben: Siehe Seite 75 f.

Magisches Denken: Siehe Seite 33.

Malbücher: Siehe Seite 67 f.

Modelleisenbahn: Siehe Seite 128 f.

Motorik: Siehe Seite 108 f.

Museen: Siehe Seite 130 f.

Musikinstrument lernen: Siehe Seite 103.

Nachahmungslernen: Siehe Seite 90 f.

Phonologische Diskriminierung: Fähigkeit, gehörte Laute zu unterscheiden und Laute eines Wortes zu erkennen. Förderung durch Reimspiele (Seite 49).

Radfahren: Seite 116 f.

Schüchternes Verhalten: Siehe Seiten 83 f.

Selbstwirksamkeit: Siehe Seite 38 f.

Sinne: Siehe Seite 13, 24 f., 103–105.

Soziale Kompetenz: Siehe Seite 11, 34–38, 78, 80–83, 89–92.

Spielzeug: Siehe Seite 56, 67 f.

Sprachentwicklung: Siehe Seiten 31, 44–46, 53.

Ton zum Modellieren: Siehe Seiten 72.

Überforderung: Siehe Seite 21 f., 39.

Urlaub mit Kindern: Siehe Seiten 119, 131 f.

Verhaltensauffällige Kinder, Verhaltensstörungen: Siehe Seite 84–89.

Vorlesebücher: Siehe Seiten 50 f.

Wahrnehmung: Siehe Seiten 13, 33, 53, 62, 72, 89, 104.

Wunderkinder: Siehe Stichwort Hochbegabung sowie Seite 21 f.

Ratgeber von Urania-Ravensburger

Helmut Köckenberger
Kinder müssen sich bewegen
Spielend lernen und wachsen

128 Seiten
zweifarbig mit 35 Abbildungen
ISBN 3-332-01033-6

Helmut Weyhreter
Konzentrationsschwäche
Wie Eltern helfen können

128 Seiten
zweifarbig mit 27 Abbildungen
ISBN 3-332-01090-5

Theresa Müller
Ist unser Kind hoch begabt?

128 Seiten
24 Fotos
ISBN 3-332-01133-2